August Knötel

Der Niger der Alten und andere wichtige Fragen der alten Geographie Afrika's

August Knötel

Der Niger der Alten und andere wichtige Fragen der alten Geographie Afrika's

ISBN/EAN: 9783743318922

Hergestellt in Europa, USA, Kanada, Australien, Japan

Cover: Foto ©ninafisch / pixelio.de

Manufactured and distributed by brebook publishing software (www.brebook.com)

August Knötel

Der Niger der Alten und andere wichtige Fragen der alten Geographie Afrika's

Gewisse Studien über die ältesten mit Aegypten und seiner Kultur zusammenhängenden Völkerverhältnisse Afrika's leiteten vielfach auf die Benutzung geographischer Hilfsmittel hin; indessen musste ich bald die Erfahrung machen, dass sie in vielen Fällen nicht ausreichten und die erforderliche Klarheit nicht gewährten. Ich sah mich darauf hingewiesen, selbständig die Quellen zusammenzustellen, zu prüfen, und eine Aufklärung dunkler Punkte zu versuchen. Hieraus ist die vorstehende Arbeit erwachsen. Die ausgezeichneten Hilfsmittel, namentlich die grösseren Kartenwerke des hiesigen geographischen Instituts von Herrn Flemming, welche mir der Leiter desselben, Herr Geograph Handtke, mit grosser Freundlichkeit zur Verfügung stellte, haben mich in den Stand gesetzt, in mehrfachen wichtigen Punkten die mir wünschbar scheinende Klarheit zu gewinnen, in andern die Sache wenigstens der Lösung näher zu bringen.

Der hier vorliegenden Karte sind ausschliesslich die geographischen Angaben des Ptolemäus zu Grunde gelegt. Alles, was sich auf Grund derselben mit grösserer oder minderer Genauigkeit bestimmen und örtlich nachweisen liess, ist hier eingetragen; Alles dagegen, wo die Kombination keinen vollständigen Anhalt fand, so wie die grosse Anzahl von Städten und Flüssen, welche nur innerhalb gewisser Gränzen annähernd bestimmbar gewesen wären, ist ausgelassen. Von den Gradbestimmungen, die der gelehrte Geograph nach dem Standpunkte der Wissenschaft seiner Zeit gemacht, glaubten wir in den meisten Fällen ganz absehen zu müssen; denn einestheils ist ihre eigentliche Natur sehr fraglich, andererseits sind sie objektiv nicht richtig oder wenigstens höchst ungenau und könnten daher nur beitragen, die Sache eher zu verwirren als aufzuklären. Ich habe sie daher nur ausnahmsweise und in solchen Fällen benutzt, wo sie für ganz kleine Entfernungen einen sicheren Anhalt boten. Die Herstellung einer grösseren Weltkarte, wie sie Ptolemäus selbst vor sich hatte oder zum Theil neu entwarf, wäre eine höchst werthvolle, aber von der unserigen ganz verschiedene Aufgabe. Wir halten uns an das Thatsächliche und versuchen eine Anpassung seiner geographischen Daten an die nach gesicherten Entdeckungen unserer Zeit entworfenen Karten. Wir glauben dadurch mehrfach in den Stand gesetzt zu sein, einige nicht unbedeutende Irrthümer zu berichtigen und eine klarere Vorstellung von dem Umfange der Kenntnisse zu geben, welche die Alten vom Inneren Afrika's, namentlich der Sahara hatten.

I.

Der Niger des Ptolemäus.

Der grosse inner-afrikanische Strom, welcher von Mungo Park an das Ziel so vieler muthigen Reiseforscher (wie Laing, Klapperton, Richard Lander, Barth u. s. w.) und der Gegenstand so grosser Aufmerksamkeit und vielfältiger Forschung wurde, gilt allgemein als der Niger der Alten. Wir fürchten, dass es fast abenteuerlich klingen wird, wenn dieser Strom, der je nach den Völkern, deren Gebiet er durchströmt, so verschiedene Namen führt, eben nicht jener Niger sein soll, den man gar nicht in jenen Gegenden gesucht hätte, wenn nicht eben bedeutender Anlass dazu dagewesen wäre; indessen möge man unsere Gegengründe zuerst hören und die vorliegende Karte prüfen. Man wird dann die Ueberzeugung gewinnen, dass der Niger der Alten nach Ptolemäus unzweideutigen Angaben unmittelbar unter dem Atlasgebirge zu suchen ist.

Um die Untersuchung mit gehöriger Klarheit zu führen, müssen wir mit Bestimmung eines möglichst sichern Punktes anfangen und wählen hierzu natürlich einen Punkt an der Küste. Buch IV, K. 6, § 5, 6 zählt Ptolemäus folgende Stationen an der Küste auf: Mündung des Flusses Subus — Mündung des Salathos — Stadt Salathos — Mündung des Chusaris — Vorgebirge Gannaria — Mündung des Ophiodes — Stadt Begazei oder Bagaza — Mündung des Nuius — Vorgebirge Saluentia — Mündung des Massa — Stadt Jarzeitha — Mündung des Darados — der grosse Hafen — Stadt Babibu oder Babiga — Vorgebirge Arsinarion — Vorgebirge Ryssadion.

Man wird diese Stationen zum grössten Theil auf unserer Karte angegeben finden. Sie beginnen nach der Angabe des Geographen sogleich hinter Mauretania Tingitana. Der Subus ist also der heutige Wed Su (Oued Sous), welcher südwärts von Agadir in den Ocean mündet; der Salathos, der heutige Masse, an dessen Mündung die Stadt Masse (Salathos?) liegt. — Der Massa des Ptolemäus kann nur der ziemlich bedeutende Wed Nun sein, den man dem Namen nach eher mit dem Nuius zusammenbringen würde. Der Grund hierfür liegt in der Angabe (IV, 6, 8), dass alle Flüsse vom Salathos bis zum Massa in gleicher Weise vom Gebirge Mandros geflossen kämen. Da nun zwischen dem Wed Nun und dem Wed Draa (dem Darados) nach unserer im grossen Maassstabe ausgeführten Karte*) eine völlig wasserlose wüste Strecke liegt, so ist der Wed Nun in der That der südlichste Fluss, der von dem östlich zunächst gelegenen Gebirge kommt, und folglich kein anderer als der Massa, sowie das Vorgebirge Salventia nur das Kap Nun sein kann. Für die zwischen Massa und Salathos liegenden Flüsse Nuius, Ophiodes und Chusaris finden sich vier sehr unbedeutende Küstenbäche auf der Karte angegeben. Da sich an der ganzen Küste ausser dem genannten Kap Salventia kein anderes ausgeprägtes Vorgebirge findet, als Kap Aglu, so muss dieses die Gannaria Akra und der nördlich davon bei Aglu mündende Wed Assa der Chusaris sein.

Von den übrigen drei Bächen hat nur der mittelste (Wed Geder, Gueder) einen Namen; er ist entweder der Ophiodes (der Schlangenreiche) oder der Nuius. Eine Ortschaft, die dort sehr einsam liegt, Mirelleft, könnte der Stadt Bagaza entsprechen.

Durch diese Auseinandersetzung ist zugleich das für die richtige Bestimmung des Nigir bedeutsame Gebirge Mandros bestimmt. Es ist jener südwestlich sich in die Ebene verflachende Ausläufer der südlichen Parallelkette des hohen Atlas, der keinen gemeinsamen Namen zu haben scheint, aber sehr wol Djebel Aulus (Aoulouse) genannt werden kann nach dem Berge, von dem ab er sich in zwei Theile spaltet.

Der jetzt folgende, in südlicher Richtung vom Massa mündende Fluss — der grösste von dieser ganzen Küstenstrecke — Darados oder Darad genannt, ist unzweifelhaft kein anderer, als der heutige Wed Draa. Schon die

---

*) Carte de l'Empire de Maroc indiquant les communications principales, la division en gouvernemens et la répartition de la population des diverses races sur le sol, ainsique l'état d'obeïssance des tribus, qui sont comptées comme faisant partie de l'empire de Maroc. Par le capitaine d'état-Major Beaudouin. Réduite et gravée au dépôt général de la guerre. Paris, 1848.

Namensähnlichkeit würde dafür sprechen, noch mehr, was Plinius bestätigend beibringt. Hinter den Gaetulischen Autololen folgt ihm der Fluss Cosenus (Ptolemäus' Chusaris) und die Völker der Scelatiten (um Stadt und Fluss Salathos?) und Masaten. Dann der Fluss Masatat (Massa Ptol.) und der Fluss Darat, »in welchem Krokodile sein sollen.« Plin. V, 1. Also gewiss kein kleiner und unbedeutender Fluss. Nach der Gradmessung des Ptolemäus muss die von ihm erwähnte Stadt Jarzeitha unmittelbar nördlich von seiner Mündung angesetzt werden. Sie kann zu seiner Zeit kein ganz unbedeutender Ort gewesen sein, da er im Anhange seines Buches die Dauer des längsten Tages von ihr und den Zeitunterschied von Alexandrien angiebt, was er in Afrika namentlich nur von wenigen wichtigen Orten thut. Es muss also hier Leute gegeben haben, welche dergleichen Beobachtungen anstellen konnten. Mögen es nun ansässige, nautisch gebildete Kaufleute oder gelehrte Mathematiker gewesen, die bis hierher vordrangen, jedenfalls ist es ein Beweis, dass diese Stadt den Alten nicht ausserhalb ihres Gesichtskreises lag.

Von einem Flusse Dara, der auf dem Atlas entspringt und nach Süden in's innere Afrika zu fliesst, wissen auch Orosius (1, 2) und Leo Afrikanus (Descr. Afric. pag. 602 und 740). Jedenfalls ist er auch dieser unser Wed Draa.

Ptolemäus nun lässt seinen Darados nicht, wie man annehmen sollte, auf dem Atlas entspringen, sondern, wie er ausdrücklich angiebt (ebd. § 9), auf dem Gebirge Kaphas. Die Lage desselben lässt sich bestimmen; wir werden sehen, dass es südlich von der Mündung des Darados in der Richtung auf den Senegal liegt und dem Gebirgslande in der Höhe des Kap Blanc entspricht, dessen einzelne Ketten verschiedene Namen tragen: Chaine d'el Akseiba, Chaine de Char-Choume u. s. w.*)

Hieraus folgt, dass Ptolemäus unter dem Darados nicht den langen von Osten her kommenden Strom versteht, sondern jenen bedeutenden von links einmündenden Zufluss, der heute unter dem Namen Wed Ssakia bekannt ist. Nach unsern Karten kommt der Ssakia allerdings nicht aus

---

*) Dieser Theil unserer Karte beruht auf: Carte du voyage executé dans le Sahara Occidental d'après les instructions du Colonel du Génie Mr. Faidherbe Gouverneur du Senegal par le capitaine d'État Major Vincent. Société Géographique. Bulletin du Janvier 1861 und Karte des Westl. Theils der Grossen Wüste von Afrika (zu Barth's und Leopold Planets-Reisen) von Petermann. Geograph. Mittheilungen Jahrg. 1859, Tafel 6.

dem genannten Gebirge, sondern entspringt anscheinend ein bedeutendes Stück weiter nördlich; indess sind jene Gegenden noch viel zu unbekannt, als dass man den Ptolemäus eines Irrthums zeihen dürfte. Die Flüsse jener Gegenden liegen einen grossen Theil des Jahres trocken und es ist daher sehr wol möglich, dass die Flussrinne des Ssakia bis in jene genannte Gegend reicht, ohne dass sie noch bekannt ist.

Wenn aber der Darados auf diese Weise der Ssakia ist, wie heisst dann der von Osten kommende Hauptstrom? Wir haben die einfache Antwort darauf: »es ist der Niger.«

Um den Beweis zu führen, genügt es, die Angaben, die Ptolemäus über diesen Fluss macht, einfach herzusetzen.

»Im Binnenlande fliessen als sehr grosse Flüsse der Gir (von dem später) ..... und der Nigir. Derselbe lässt in seinem Laufe zur einen Seite (so ist ἐπιζευγνύων τό τε Μάνδρον ὄρος καὶ τὸ Θάλα ὄρος zu erklären) das Mandrosgebirge, zur andern das Thalagebirge. Derselbe bildet auch einen See — Nigritis — und hat nach Norden zu zwei Aeste (Ausläufer ἐκτροπὰς), einen nach dem Sagapolagebirge hin, den andern nach dem Vasargalagebirge, nach Osten zu einen Ausläufer, an dem der See Libye — nach Mittag zu einen Ausläufer auf den Daradosfluss hin.« (Ebd. § 13, 14.)

Das Thalagebirge ist, wie wir später sehen werden, das Plateau von Tademayt, genauer wahrscheinlich der Djebel Tidikelt. In der That fliesst unser Niger, wenn man bei der breiten Sahara nicht an ein verhältnissmässig enges Becken denkt, in dem Zwischenraume zwischen Mandros und Thala. — Das Sagapolagebirge ist die natürliche Fortsetzung der Mandroskette auf den Knotenpunkt des Atlas zu, der heutige Djebel Sagreru. Ja der Name scheint noch derselbe zu sein. Vielleicht ist bei Ptolemäus Σαγάρολα statt Σαγάπολα (P statt Π) zu lesen. Dasselbe bildete die westliche Gränze des Bileduldjerid; denn zwischen der Sagapola und dem Vasargalagebirge, südlich von Numidien, an dem der bei Karthago mündende Bagradas entspringt (§ 16), wohnten die Molano-Gätulor.

Nun ist Alles klar. Der bei Jarzeitha mündende Darados heisst im inneren Lande Niger. Der nach Süden gehende Ast (auf den Darados zu) ist (mit Annahme eines kleinen Missverständnisses), wie wir bereits nachgewiesen, der Wed Ssakin, der eigentliche Darados selbst; der nach Osten zu (von der Mündung) gehende Ast ist der Hauptarm des Nigir selbst; an ihm liegt der See Libye, d. i. der heutige grosse See Dobia oder Debaia.

Auch hier stimmt der Name überein. Entweder hatte Ptolemäus selbst Dibye ($\varDelta\iota\beta\acute{\upsilon}\eta$ statt $\varLambda\iota\beta\acute{\upsilon}\eta$) geschrieben, oder dabei unwillkührlich an den griechischen Namen von Afrika gedacht; in jedem Falle ist die Identität unzweifelhaft. Der Hauptast der Wed Draa geht östlich von dem genannten See in der That zum Djebel Sagreru und dem Atlas hinauf; der andere Ast, der in der Richtung des Vasargalagebirges, d. h. nordöstlicher einströmt, ist ohne Zweifel der sehr bedeutende Wed Sis, der am Djebel Scherbscharb entspringt und durch ein langes oasenreiches und stark bevölkertes, mit hunderten von Ortschaften bedecktes Längenthal in die Oase von.Tafilet und den See Daya-el-Daura abfliesst. Allerdings müssen wir, um Ptolemäus ganz zu erklären, die Annahme machen, dass von dem letzteren See, der so zur Nigritis des Ptolemäus wird, eine Verbindung mit dem Wed Draa bestehe; indessen hat diese Annahme weit mehr für, als gegen sich.

Die hier zu Rath gezogene Karte ist die »Originalkarte von Gerard Rohlf's Reisen in Central- und Süd-Marokko (Atlas, Tafilet, Draa u. s. w. 1862 und 1864), nach Rohlfs' Tagebuch und persönlichen Angaben gezeichnet von B. Hassenstein.« (Peterm. G. Mitth.) — Diese Karte zeigt deutlich, dass an dem Schenkel des Draa, wo derselbe aus seiner südlichen Richtung nach Westen umbiegt, bei dem Hauptorte Mimssina in einer besonders palmenreichen Gegend ein Flussbett von Osten her einmündet, ferner dass der Wüstenstrich, den René Caillié in der Richtung von dem genannten Orte nach der Oase von Tafilet passirte, mehrfache Spuren von solchen nur zur Regenzeit gefüllten Rinnsälen zeigt. Auch nordöstlich davon ist ein viel verzweigter Wed (durch die Oase Tessarie gehend), der sich in der Höhe von Tamagrut im Sande zu verlieren scheint, gezeichnet. Es ist also die Wahrscheinlichkeit vorhanden, dass der See Daya-el-Daura in Tafilet seinen Ueberschuss an Wasser zu gewissen Zeiten durch eine Flussrinne abgiebt, welche denselben dann östlich von Mimssina in den Wed Draa beförderte und zwar würde dieselbe an der flachen Westseite des genannten See's (südlich ist ein Gebirge [Djebel Adrar], der nach Osten zu hohe Ränder bildet) ihren Ausgang haben und in Gegenden treffen, die fast gänzlich unbekannt sind.

Der Niger des Ptolemäus ist also jener grosse, aber nur zeitweise mit Wasser strömende Fluss, welcher aus der Vereinigung des Wed Draa und Wed Sis entsteht, dann den See von Debia (Libye) bildet und vereint mit dem Saakia als Darados das Meer erreicht. Auch das Zerrbild einer Weltkarte, die man aus Ptolemäus astronomischen Angaben construirt, zeigt, dass unsere Erklärung die einzig richtige ist, indem der Niger dort etwas südlich vom Atlas angesetzt ist.*) Wäre er jener grosse Strom, an dem Timbuktu liegt, so müsste die Lage dieses Flusses selbst bei der ärgsten Verzerrung ganz anders sein; er könnte nicht das Gebirge Theon Ochema (etwa das Kong-Gebirge) sehr weit südlich (so ist er abgebildet), sondern er müsste es östlich haben, und die Gebirge Thala, Arualtes, Aranga, die ihm jetzt gleichfalls südlich liegen, müssten sehr viel nördlich von ihm angesetzt sein. Ein weiterer Beweis für uns wird sein, dass bei dieser Ansetzung des Niger die grösste Klarheit in die Vertheilung und Anordnung der anderen Oertlichkeiten, namentlich der Völker kommt, dass wir uns überall leicht zurechtfinden und sich Ptolemäus Angaben zu einem klaren, in sich geschlossenen Bilde abrunden, wie man es kaum befriedigender wünschen kann. In der That hat man auch längst die Bemerkung gemacht, dass Ptolemäus Berichte von seinem Niger mit dem, was die neueren Entdeckungen über den angeblichen Niger (Djoliba, Kuara u. s. w.), über seinen Lauf und seine Zuflüsse zu Tage gefördert, wenig oder gar nicht übereinstimmen. (Vgl. Ritter, Erdb. I, S. 420 fgd. Ukert, Vollst. Handb. der Erdbeschr. Ad. 22 oder Abth. VI, Bd. 2, S. 369 fgd. Ausland 1837, Nr. 274 fgd., 289 fgd.) An dem alten Geographen lag die Schuld nicht; das haben wir eben gezeigt; sie lag an der unvollständigen Kenntniss des Inneren von Afrika, die später geringer war, als im Alterthume und an falscher Interpretation. Denn es liegt auf der Hand, dass nach der Lage der Gebirge Mandrus und Sagapola (westlich von Bileduldjerid der Niger gleich unterhalb des Atlas gesucht werden musste. Wir werden gleich sehen, dass auch noch andere wichtige Thatsachen diesen Sachverhalt erhärten.

Ptolemäus giebt an, dass nordwärts vom Niger die Nigriten, ein äthiopisches (d. i. negerartiges) Volk wohnten (§ 16). Offenbar denkt er hier an seine westliche Ausdehnung von Mimasina und dem See Debia an und giebt den Nigriten im Allgemeinen das Gebiet zwischen dem Wed Draa südlich, dem Mandros nördlich und dem Wed Sis im Osten ein — einen grossen Wüstenstrich, der aber, abgesehen von den Flussthälern, mit zahlreichen Oasen bedeckt ist. Wir werden später sehen, dass Strabo ausdrücklich diese Nigriten zu Gränznachbarn und Bundesgenossen der Pha-

---

*) Nach Plinius macht der Niger die Südgränze von Gätulien. Tota Gaetulia ad flumen Nigrin, qui Africam ab Aethiopia (dem Negerlande) dirimit. h. n. V, 4.

rusier jenseits des Sagapolagebirges macht. Sie also im Stromgebiete des Djoliba zu suchen, ist ganz unzulässig. Ebenso führt Ptolemäus (§ 25) siebzehn Städte am Niger und in dessen Nachbarschaft gelegen an, die er unmittelbar an die Städte nordwestlich vom Mandros (darunter auch Jarzeitha am Ausflusse des Darados) anknüpft. Mehrere davon dürften sich noch ziemlich wahrscheinlich bestimmen lassen.

»Ueber dem Nigir (von der Seeseite aus?) seitwärts ($ἄποθεν$) liegen folgende Städte: Talubath, Malachath, Tukaba, Byntha; diesseits ($ὑπό$) Anygath.«

Bei Ptolemäus kommen mehrfach Spuren vor, dass er (oder sein Abschreiber) Silben umsetzt, wenn ein l oder r die Aussprache erleichtert — eine auch sonst ganz gewöhnliche Erscheinung. — So z. B. $Σούριγα$ statt $Σούγιρα$, heut Ssuèra d. i. Mogador u. a. m. In ähnlicher Weise könnte Talubath aus Tabulath entstanden sein, und wir hätten dann die grosse, wichtige Oase Tafilet, die ihm schwerlich entgehen konnte. Malachat ist dann wahrscheinlich der nordöstlich davon gelegene Strich Ait Melrad oder Melghad.

»An dem Flusse selbst von Norden herab (liegen die Städte) Peeside, Thige, Kuphe, Nigira die Hauptstadt, Vellegia, Tagama, Panagra. Im Süden des Flusses: Thupae (oder Thuppae), Punse, Saluke, Thamondokana, Dudum.«

Hieraus sehen wir wieder deutlich, dass der eigentliche Niger zuerst von Norden nach Süden strömte und dann in westlicher Richtung eine bedeutende Strecke durchfloss, was wieder genau auf den Wed Draa passt. Aus den Gradbestimmungen der von Norden am Fluss herab liegenden Städte erkennt man so viel mit Bestimmtheit, dass derselbe mehrere Biegungen macht, wie es wirklich der Fall ist. Wir haben sie also in dem eigentlichen Draalande zu suchen, welches von dem Südhange des Sagreru bis Mimssina hinabreicht. Dasselbe wird von dem Flussthale des genannten Stromes gebildet, der nach Rohlf's in der Regenzeit eine grosse Menge Wasser enthält, und, wie derselbe Reisende vermuthend äussert, sie dann in's Atlantische Meer abführt. Das Draaland enthält eine Anzahl von Oasen und bebauten Strichen und zählt etwa 25,000 Bewohner, die bis zum Djebel Sagora berberischer und von da arabischer Abkunft (Schürfa, d. i. Nachkommen des Propheten) sind. Das ganze oasenartige Flussthal hat eine Länge von sechs Tagereisen und zerfällt in fünf Provinzen: Mesgeta, Tunsulin, Ternetta, Fesuòata und Ktaua (Mitth. von Petermann 1863 bis 1865). In dieser Gegend also haben wir die erst genannten sechs Städte zu suchen. Die nördlichste wäre Pesside, dann folgt Thige — und in der That finden wir gerade in der Gegend am Draa, wo wir sie vermuthen müssen, die Ortschaft Tisgi, den Durchgang einer Karavanenstrasse. Thige dürfte also das heutige Tisgi sein. Pesside stimmt dem Namen nach recht gut zu Fesuõata, Kuphe allenfalls zu Ktana, aber nicht zu der gegebenen Reihenfolge. Pesside müsste man unmittelbar am Djebel Sagreru suchen, der Distrikt Fesuõata liegt weit südlicher, indess könnte es eine zweite Oertlichkeit dieses Namens gegeben haben, wie es ein zweites Tisgi giebt. Zu Tagama finden sich ähnliche Namen, wie Taghrut (südlich von Tisgi), Takkit, Taghrbalt u. a., zu Panagra (vielleicht Tanagra?) Tamagrut, der Hauptort des ganzen Draalandes, der mir nur etwas zu nördlich für Panagra zu liegen scheint. Wenn dies der Fall ist, dann würde sich aber Tamagrut wol eignen, für Nigira, die Hauptstadt der nigritischen Aethiopen, angesehen zu werden.

Von den südwärts des Flusses gelegenen Städten dürfte Thamon-Dokana trefflich dem Namen wie der Lage nach zur heutigen Stadt Dekna stammen. Ein Stamm, dessen Namen Tekna geschrieben wird, befindet sich in der Nähe. Im Anhange (B. VIII, v. 16, § 4, 5) stellt Ptolemäus Thamudokana (wie dort geschrieben wird) unmittelbar mit Jarzeitha zusammen und giebt Polhöhe sowie Zeitunterschied von Alexandrien an. Er beträgt nach Ptolemäus $2\frac{1}{2}$ Stunde, was der Wahrheit sehr nahe kommt, denn der Zeitunterschied von Lissabon, welches etwa denselben Meridian wie Dekna hat, und Alexandrien beträgt nach heutiger Rechnung 2 Stunden 36 Minuten 5 Sekunden (Hülfsb. der rechnenden Chronol. n. Joh. v. Gumpach, S. 27 fgd.).

Wir sehen also hieraus, dass der alte Geograph von Gegenden, die uns erst seit heute und gestern wieder aufgeschlossen worden und die noch sehr unvollkommen bekannt sind, recht verlässige Kunden hatte. Allerdings scheint er den Zusammenhang des Niger mit dem Darados nicht genau gekannt zu haben; er wusste einestheils nicht, dass die Mündung des Darados zugleich die Mündung des Niger, anderntheils nicht, dass der Niger einen Abfluss nach dem Meere habe, obwol ihm bekannt war, dass der Arm des letzteren hinter dem See Debia auf den Darados zugehe. Der Grund hiervon ist leicht zu begreifen. Die Mündung des Darados war auf dem Seewege bekannt geworden, der Lauf des Niger vom Atlas und Mauretanien aus, von wo maurische Kaufleute auf der noch heute gangbaren natürlichen Strasse nach dem Süden gingen. Die intermittirende Natur dieses Flusses liess ein Versiegen im Sande oder in irgend einer Sumpfläche annehmen, weshalb z. B. auch Rohlfs noch heute den Abfluss des Draa in's Meer als seine blosse Vermuthung hingestellt hat.

Am Ausflusse des Darados wohnte nach Ptolemäus das Volk der Daradä. Hieraus geht hervor, dass der grosse Fluss Bambotus, der von Krokodilen und Nilpferden wimmelt, und an dessen Mündung in's Meer das Negervolk der Daratiten wohnt, bei Plinius kein anderer ist, als der kurz vorher von ihm erwähnte Fluss Darat mit seinen Krokodilen (V, I). Plinius mischt die verschiedensten Quellen durch einander und so kann es uns nicht wundern, wenn ein und derselbe Fluss je nach dem Volke und seiner Sprache die verschiedensten Namen Darat, Bambotus, Nigir, Lixos (bei Hanno, wie wir sehen werden) führte. Die Gätulischen Darä (Gaetuli Darae), welche über diesem Bambotus als Gränznachbaren der Pharusier im Binnenlande (mediterranei) wohnten, sind eben die Bewohner des Draalandes, die noch heutzutage Draui genannt werden. Wahrscheinlich war schon damals die Bevölkerung gemischt. Die Nigriten waren Aethiopen, also von schwarzer Hautfarbe und Negerabkunft, die Gätuler ein ursprünglich weisser Stamm (Berber), der von Norden eingedrungen, wahrscheinlich die besten Striche für sich nahm, sich aber allmählig mit den Negern vermischt hatte. So entstand das Volk der Schwarzgätuler, der heutigen Schelluchen. Zu ihnen mögen auch die Bewohner des Draalandes gehört haben, die auch heute, obgleich Berber und Araber von Abkunft, eine sehr dunkle Hautfarbe zeigen. Die Nigriten können also ebenso gut Aethiopen als Gätuler genannt werden, womit indess nicht gesagt ist, dass beide Stämme vollständig in einander aufgegangen. Nach Ptolemäus, der die Nigriten nördlich vom Niger ausetzt, können wir schliessen, dass sie sich über die ganze Wüste verbreitet hatten und nur theilweise in dem Flussthale wohnten, wo ihre Hauptstadt Nigira lag, während wir uns die Gätuler als Eindringlinge und im Besitze der besten Oasen zu denken haben. Ueberall in den alten Berichten erscheint die schwarze Race als die zurückweichende, die verfolgt, ausgerottet oder in die Wüste gejagt wird.

II.

Die punischen Kolonien am Mandros und Hanno's Umschiffung West-Afrika's.

Das oben besprochene Gebiet südlich vom westlichsten Ausläufer des hohen Atlas, welches im Rücken östlich vom Mandros, südlich vom Darados, westlich vom Ocean begränzt wird, heisst heutzutage das Land Djesula (Djezoula). Wir wollen nun zeigen, dass diese jetzt wenig bekannte und geachtete Gegend ein Hauptland altphönicischer und später karthagischer Kolonisation war.

Zu Ptolemäus Zeiten wohnten hier von Norden nach Süden folgende Völker: Die Autolalen, Sirangen und Mausöler bis an's Mandrosgebirge, am Gebirge selbst die Rabier (oder Babier), die Malkoer und die Mandorer bis zum Flusse Darados und den Daradern (IV, 6, 17).

Die Autolalen oder Autololen sind nach Plinius ein gätulischer Stamm (also Berber), dessen Sitze zwischen dem Atlas und dem ganzen Laufe des Subus lagen, wie aus Ptolemäus deutlich hervorgeht, der aber nach andern Angaben auch nördlich über den Atlas in das Marokkanische hineinreichte. Das Volk trieb auch Schifffahrt. Die Insel Madeira (Insel der Hera oder Helios) hiess jedenfalls von ihrer Bevölkerung auch Autolala. Ptolemäus erwähnt in ihrem Gebiete auch einer Stadt Autolala (§ 24), die ohne Zweifel die Hauptstadt des Volkes war und ihm den Namen gegeben hat. Wie mir scheint, sucht man dieselbe mit Unrecht an der Küste; denn Ptolemäus Angabe genauer in Betracht gezogen besagt nicht, dass sie am Meere, sondern dass sie in dem Abschnitte liege, welcher im Gegensatze zum inneren Libyen nach dem Meere zu offen ist. Die Stadt Aglu, Agulon, welche Reichard dafür hält, scheint mir zu südlich und schon im Gebiete der Mausoler zu liegen. Eher könnte sie das heutige Agadir (oder Funti) sein. Im Binnenlande südlich von dem Atlaspasse, der nach Marokko führt, liegt ein Distrikt mit Namen Iduuullun (Idouououlloun) mit der Ortschaft El Bessimato. Da die Autololen nach Marokko hinüberreichen, so dürfte man in dieser Gegend ihre ältesten Sitze und ihre Hauptstadt suchen.

Merkwürdig ist der Name der am Meere hinab wohnenden Mausöler, des Gebirges Mandros und der wahrscheinlich nach ihm genannten Mandorer. Diese Namen weisen nach Kleinasien an die Karische Küste. Mausöler wurden die Karer von ihrem berühmten Könige Mausölus genannt

(Steph. Byz. s. v. *Μανσ*). Mandros aber ist ein karischer Götter- oder Heroenname, der sich in Karien und in karischen Gegenden häufig wiederholt. Eine Anzahl Eigennamen beweiset dies: Mandron, Mandrobulos (ein Samier), Mandrogenes (ein Magnesier), Mandrodoros, Mandrokleidas, Mandroklees (Baumeister aus Samos bei Herodot), Mandrolytos, Mandropolis in Phrygien, Anaximandros, der berühmte Philosoph aus Milet u. s. w. (Vgl. Letronne Journal des Savans, 1846, p. 112 fgd., 118 fgd.).

Man könnte glauben, dass hier nur eine oberflächliche Lautähnlichkeit ihr Spiel treibe, und es für eine Thorheit halten, etwas hierauf zu geben und gätulische oder äthiopische Völker zu Keinasiaten zu machen. Indessen die Sache hat ihre Richtigkeit; wir haben es hier wirklich mit einer karischen Ansiedelung zu thun, welche durch die Karthager um 500 v. Chr. hier angelegt wurde. Derjenige, der sie anlegte, ist kein anderer, als Hanno, der berühmte Umschiffer des westlichen Afrika's. Denn unter den Städten, die er in diesen Gegenden gründete, werden zwei unzweifelhaft karische genannt: Arambys (vgl. die karisch-phönicische Stadt Karambys im Pontus) und Karikon Teichos (d. i. die Festung der Karer).

Der letzte Name zeigt deutlich, in welcher Eigenschaft die Karer in diese Gegenden kamen. — Seit uralten Zeiten war dieses Volk gewohnt, den Kriegsdienst als Gewerbe zu treiben. Karische Miethsoldaten sind berühmt und dienten je nach Zeit und Umstand den Phöniciern, den israelitischen Königen, den Aegyptern, Lydiern u. s. w. Wenn wir bereits zu Ezechiel's Zeiten, im 7. Jahrhundert v. Chr., Krieger aus Marokko (Phutäer) neben andern Soldaten asiatischer Abkunft als Besatzung von Tyrus finden, so kann es nicht Wunder nehmen, Karer in karthagischen Diensten zu sehen.

Diese westafrikanischen Mausöler am Mandrosgebirge sind also ächte karische Mausöler, und wenn sie von einem ihrer Könige den Namen haben, so kann es kein anderer sein, als Mausólus, der Vater des Pixodaros von Kindyes, des Anführers der gegen Darius Hystaspis empörten Karer, welche furchtbar geschlagen theilweise zur Auswanderung ihre Zuflucht nahmen (Herod. V, 118). Die Bundesgenossen der Karer, die kleinasiatischen Joner dachten damals nach der schrecklichen Niederlage der ersteren an eine Auswanderung nach Sardinien, also in ein Land, das unter karthagischer Oberhoheit stand. Hier fällt Licht auf die Geschichte. Mit Recht hält man den berühmten Seefahrer Hanno, der jene karische Festung anlegte, für den Vater jenes Hamilkar, den Gelo im Jahre 480 bei Himera schlug. Herodot nennt diesen Hamilkar König der Karthager (VII, 165, 166), ebenso heisst Hanno in der Ueberschrift des Periplus. Allerdings ist nicht an streng legitime Könige zu denken, aber ebenso wenig ist es in der Ordnung, deshalb weil später in den punischen Kriegen die höchsten Obrigkeiten der Karthager Suffeten (Richter) heissen, diese Könige als blosse ausführende Wahlpräsidenten anzusehen. Die Verfassung kann in der Zwischenzeit demokratischer geworden sein. Allem Anscheine nach war Mago, angeblich der Vater jenes Hamilkar, aber in Wahrheit der Grossvater und Vater des Hanno, ein völliger Dynastienstifter, ein glücklicher Tyrann im griechischen Sinne, der die Alleinherrschaft der reichen Handelstadt an sich gerissen hatte. Er war der Schöpfer eines neuen verbesserten Kriegs- und Seewesens, und daher sein Sohn Hanno und sein Enkel Hamilkar wirkliche Könige. Er tritt ungefähr um 550 nach Christi (also Zeitgenosse des Cyrus) auf, Hanno muss also um 500, eher davor als darnach angesetzt werden. Er war mit einer vornehmen Syrakusanerin verheirathet (der Mutter des Hamilkar), stand demnach mit den Griechen in sehr nahen Beziehungen.

Herodot erwähnt von den geschlagenen Karern blos, dass sie auf einer Versammlung zu Labranda beschlossen auszuwandern, dass sie aber noch einmal Muth gefasst, als sie Hilfe von den Joniern bekommen. Von den letzteren berichtet er dann, dass sie in ihrer Verzweiflung auf Auswanderung nach Sardinien oder nach Thracien gedacht und auch wirklich eine Kolonie in das zweitgenannte Land (nach Myrkinos) geführt; von den Karern meldet er nichts weiter. Es liegt aber auf der Hand, dass, wenn die Jonier nach Sardinien wandern sollten, sie ihre nächste Zuflucht zu dem karthagischen Könige Hanno, der damals regierte, nehmen mussten. Dorthin konnten sich aber auch die Karer wenden, und dass sie es gethan, geht eben aus dem Obengesagten hervor. Die Karthager, die damals eine grosse Kolonie von Libyphöniciern ausführten, nahmen die flüchtigen Karer auf und siedelten sie jenseits des Atlas am offenen Ocean an. Daher dort die Namen Karikon Teichos, Arambys, Mausöler, Mandorer, Mandros. Vielleicht war jener Pixodaros, der Sohn des Mausólos, der den Persern gegenüber gestanden und der ein besonders tapferer entschlossener Mann war, Führer dieser Auswanderung, und es kann demnach nicht Wunder nehmen, dass sich das neue Volk nach dem Vater dieses seines Anführers, der wahrscheinlich selbst ein berühmter Fürst gewesen, Mausöler nannte.

Der jonische karische Aufstand fällt etwa in die Jahre 502, 501 v. Chr.

Hieraus würde folgen, dass der berühmte Periplus des Hanno etwa 500 oder sehr wenig später fällt.

Diese Kolonie im Lande am Mandros, sowie die in den zunächst liegenden Gegenden, nördlich vom Atlas bis nach Tingis hinauf, müssen eine Zeit hoher Blüthe erlebt haben. Strabo erzählt, dass es vom Kaufhafen (am Ausflusse des Salas bei dem heutigen R'bat) ab die Küste hinunter einst dreihundert alte tyrische Niederlassungen gegeben, die zu seiner Zeit aber wüst lagen. Die Pharusier und Nigriton hätten sie zerstört (l. XVII, 3). Hier haben wir abermals den klaren Beweis, dass der Niger, an dem die Nigriten wohnten, in der Nähe des Atlas und des Mandros strömte und also kein anderer Fluss als der Draa ist. Nach Strabo wohnten die Pharusier und Nigriten 30 Tagereisen von der Stadt Lixos oder Linx (El Arisch) oberhalb der Maurusier in der Richtung auf die hesperischen Aethiopen zu. Sie waren Bogenschützen wie die Aethiopen und bedienten sich (Zeichen einer gewissen Civilisation) der Sichelwagen. Die hesperischen Aethiopen sind die Stämme der westlichen Sahara, südlich vom Darados oder Niger, wie die Machorüber, Darader, Sofukäer, Solnentier u. a.; ja der Name Hesperier scheint nichts als eine Uebersetzung des Wortes Machorüber zu sein. Denn Maghreb bedeutet auf Arabisch Abendland, die Marokkaner sind Maghrebin, und auch punisch (hebräisch) galt ein ähnlicher Ausdruck מַעֲרָב ma-ghárāb). Wahrscheinlich erfolgte diese gründliche Verheerung des alten tyrisch-karthagischen Koloniallandes in der Zeit des Verfalls der karthagischen Macht, also zwischen dem zweiten und dritten punischen Kriege, zur selben Zeit als Massinissa und die nomadischen Stämme nach der andern Seite hin erobernd um sich griffen. Daher sind auch zu Plinius und Ptolemäus Zeit die von Hanno gestifteten Städte Thymiaterion, Karikon Teichos, Gytte, Akra, Melitta und Arambys verschwunden und ist von ihnen keine Rede mehr.[*])

Durch den genaueren Nachweis der Gegenden, wo diese Städte lagen, sind wir in den Stand gesetzt, uns über die grosse Seefahrt des Hanno einige bestimmtere Vorstellungen zu bilden. Eine erschöpfende Abhandlung darüber liegt ausserhalb unserer Absicht.

Diesem Berichte zufolge hatten die Karthager einen Beschluss gefasst, Hanno solle durch die Säulen des Herakles fahren und an der Westküste Libyens Städte der Libyphönicier anlegen. Er fuhr ab mit sechzig Fünf-

---

[*]) Plin. h. n. V, 1.

zigrudorern und einer Menge von Kolonisten, Männern und Weibern, auch Lebensmitteln und anderem Zubehör.

Zuvörderst ist bei dieser Fahrt die Kolonisations- und Transportreise von der damit verbundenen Entdeckungsreise genau zn unterscheiden. Erstere ist die Hauptsache, letztere die Nebensache; erstere wurde mit vielen schweren Transportschiffen zurückgelegt und ging wahrscheinlich langsam von statten; zu der letzteren mag man sich weniger und leicht segelnder Schiffe bedient haben. Dass eine Fahrt mit dreissigtausend Menschen nicht in's Blaue hinein und an ganz unbekannte Küsten unternommen wurde, liegt auf der Hand, und wenn die äusserste Kolonie, welche die Karthager anlegten, auf der Insel Kerne im Rio do Ouro gelegen war, so müssen wir annehmen, dass man bis dahin das Land kannte. Ohne Zweifel galt es gar keiner durchaus neuen und unerhörten Kolonisation, sondern nur mehr einer Verstärkung und Neubelebung der uralten tyrischen Kolonien, von·deren grosser Anzahl wir so eben gehört haben. Die Fahrt muss längst vorbereitet und die Ankunft der Kolonisten gemeldet gewesen sein; denn ohne Weiteres setzt man dreissigtausend Menschen nicht an ein unbekanntes, nacktes Gestade. Die Kolonisten waren der Mehrzahl nach Libyphönicier, d. h. punisirte Libyer, Stadtbewohner und Ackerbauer Karthago's und seiner volkreichen Umgegend. Dass auch eine grosse Menge heimatsloser Karer darunter war, haben wir oben gesehen. Bei sechzig Schiffen und an dreissigtausend Menschen kommen auf das Schiff gegen 500 Köpfe — eine Anzahl, welche dem Durchschnitt unserer Auswandererschiffe ziemlich gleichkommt. Die Berliner Nationalzeitnng berichtete Anfangs Januar in ihren Hafenberichten, dass der Ueberschuss der Auswanderung im Jahre 1865 im Vergleich zu 1863 etwas über 17,000 Menschen auf 30 Schiffen betragen habe. Die Karthager setzten dem Berichte nach diese Menschenmasse an sieben verschiedenen Stellen ab; darnach kommen auf die einzelne Ortschaft etwa 4000 Köpfe, auf die Gegend unter dem Mandros etwa 20,000 bei Annahme gleicher Vertheilung.

Nachdem die Expedition die Strasse vom Gibraltar passirt, schiffte sie zwei Tage lang die Küste hinab und legte die erste Stadt, Thymiaterion (Rauchaltar — Uebersetzung eines punischen Namens) an, wo eine grosse Ebene war. Dies ist jedenfalls die Ebene Askâr an der Mündung des Subur (Wed Sebu), Thymiaterion dürfte dem heutigen Mehedia entsprechen. Die Schiffe würden, da diese Stelle etwa 22—24 geographische Meilen von der Ausfahrt aus der Meerenge liegt, an einem Tage etwa 11—12 Meilen zurückgelegt haben.*)

Hierauf fuhren sie gegen Abend (d. h. in etwas mehr westlicher Richtung als früher, wie die Karte zeigt) und kamen zum Vorgebirge Soloeis, das dicht bewaldet war, und bauten dort dem Poseidon ein Heiligthum. — Die Länge der Fahrt wird nicht angegeben; das Vorgebirge kann aber kein anderes sein, als Kap Ger, der letzte Ausläufer des hohen Atlas: erstens weil sich von hier aus die weitere Fahrt eine merkliche Strecke östlich wendet, also eine tiefere Einbiegung des Meeres nach Osten voraussetzt, die sich an keinem andern Orte sonst findet, dann weil wir gleich darauf in das Gebiet der oben angegebenen karischen Kolonien am Mandros gelangen. Diese Städte in das Gebiet am Tensif nach Marokko zu verlegen, wie man gethan hat, ist ganz und gar verfehlt. Vom Vorgebirge Soloeis also fuhr man einen halben Tag ostwärts (d. i. in die Bucht von Agadir hinein), bis man an einen See voll hohen und starken Rohres kam, der unfern des Meeres lag und voll Elephanten und anderer wilden Thiere war. Wahrscheinlich war dies die beckenartig erweiterte in jener Jahreszeit stagnirende Mündung des Wed Tamerekt, oder noch wahrscheinlicher des ein paar Meilen weiterhin in's Meer fallenden Subus. Jedenfalls lag dieser lachenartige See in der Nähe von Agadir.

Ungefähr eine Tagereise weiter gründete man nun am Meere entlang die Städte Karikon Teichos, Gytte, Akra, Melite, Arambe. Hiermit kommen wir genau in das Gebiet, welches die karischen Mausoler inne hatten. Karikon Teichos als die erste dieser Städte dürfte ziemlich auf das heutige Aglu treffen, wo unsere Karte das Vorgebirge Ganarium ansetzt.

Von dort weiter schiffend kam Hanno an einen grossen Fluss Namens Lixos, der aus Libyen herabströmte. An ihm wohnte das nomadische Volk der Lixiten. Mit diesen traten die Karthager in freundlichen Verkehr und verweilten einige Zeit bei ihnen. Landeinwärts von ihnen wohnten ungastliche Aethiopen in einem Lande, das voller wilder Thiere und von grossen Gebirgen durchschnitten war, aus denen ihrer Angabe nach der Lixos hervorströmte. In diesen Gebirgen wohnten fremdartig gestaltete Menschen.

---

*) Auch Ptolemäus nennt in dieser Gegend mehrere Städte: Autolala, Thuclath, Tagana, Magura, Ubrix und Jarzeitha (am Draa). Magura (מגור), Aufenthalt in der Fremde, Wohnung, Siedelung Ebenso hiess ein Stadttheil von Karthago.

Troglodyten, d. i. Bewohner der Felsklüfte, welche nach Angabe der Lixiten schneller liefen als die Pferde. — Wer unsere obigen Auseinandersetzungen näher geprüft hat, wird zugeben, dass das, was hier vom Lixos gesagt wird, haarklein auf den Wed Draa, auf den Darados oder Niger passt. Die geographische Lage in Bezug auf die früher bestimmten Oertlichkeiten, die Richtung seines Laufes und sein Ursprung, die Völker, die daran wohnen, endlich der Mangel jedes andern Flusses, der auch nur annähernd an seine Stelle treten könnte. Der Lixus ist also der Darados-Niger, die hohen Gebirge, aus denen er strömt, sind der binnenländische Atlas und der Sagapola, die troglodytischen Aethiopen sind die Nigriten und andere Wüstenstämme, die Lixiten endlich sind die Nomaden an der Mündung des Flusses, vor allem die Darader, wahrscheinlich einer jener Gätulerstämme, die sich mit Aethiopen gemischt hatten und phönicischer Gesittung nicht ganz fern standen.

Die Gastfreundlichkeit der Lixiten wird der Ungastlichkeit der östlicheren Aethiopen entgegengesetzt. Sie sind im Stande, den Puniern allerhand Auskunft zu geben, ja Hanno nimmt von ihnen für seine Fahrt nach Süden in die ihm unbekannten Gegenden Dolmetscher mit, und als man jenseits des Senegal und Gambia diesen oder jenen Ort anläuft, wissen sie denselben mit Namen zu nennen. Sie sagen den Karthagern, diese Bucht ist das Westhorn, jene das Südhorn. Wie wären sie das im Stande gewesen, wenn sie nicht die Sprache verschiedener südlich wohnender Stämme gekannt, oder wenn nicht Stamm- und Sprachgenossen von ihnen daselbst ansässig gewesen, wenn sie nicht steten See- oder Landverkehr dahin gehabt hätten? Ihre vorwiegend nomadische Lebensweise schliesst Verkehr nicht aus; an der Mündung des Draa lag eine Stadt und noch weiter südwärts die Insel Kerne, wo aller Wahrscheinlichkeit schon vor Hanno eine alte tyrische Niederlassung war, ja die Lixiten selbst scheinen tyrisch-phönicischen Ursprungs zu sein. Denn Lixos, das heutige Larache oder El Arisch, südlich von Tanger ist eine uralte phönicisch-ägyptische Kolonie und berühmte Mutterstadt der ältesten orientalischen Kultur in diesen Gegenden, wenn auch ihr ehemaliger Glanz nur noch aus dunkeln Kunden und Sagen geahnt werden kann. Ihre Gründung scheint der allerältesten Epoche anzugehören und in die Zeit der ägyptischen Hyksos zurückzureichen, welcher ohne Zweifel jener ägyptisch-phönicische Herakles angehört, der Gades gestiftet haben soll und daselbst einen prächtigen Tempel besass. Lixos, der mythische Gründer der Stadt gilt für einen Sohn des Aegyptos (Apollod. II, 1, 4) und später ist Lixus abermals die älteste Kolonie, welche die Tyrier anlegten, nachdem schon früher die Sidonier in diesen Gegenden mächtig gewesen. Diese tyrische Anlage fällt vor 1100 v. Chr. (Movers Phönic. III, S. 148), jedenfalls war sie nur eine Verstärkung und Wiederbelebung der sidonischen, wie dies auch bei Karthago (dem sidonischen Kakabe), Gades u. a. der Fall war. Man versetzte nach Lixus den Herrschersitz des Antäus, seinen Kampf mit Herakles, die Gärten der Hesperiden u. a. und Plinius verspottet die Fabeln der Griechen, welche von der Grösse der Stadt, die noch Karthago an Umfang übertroffen haben sollte, und dem Flusse Lixos Wunderdinge erzählten (V, I). Indess ganz ohne Grund kann dies nicht gewesen sein. Wenn die Griechen der alexandrinischen und römischen Zeit Lixos zu einer Weltstadt ersten Ranges machten, so mag dies von der gleichzeitigen Stadt verstanden allerdings grosse Uebertreibung und Fabelei enthalten; aber eine Ursache, weshalb man gerade diesen Ort vor allen andern so mächtig erhob, muss doch vorhanden gewesen sein. Diese wird man darin finden, dass sie eine herabgekommene Grösse war, wie später Karthago auch. Denken wir sie uns im zweiten Jahrtausend vor Christi als die Hauptstadt jener nach Hunderten berechneten phönicischen Städte am atlantischen Meere, so enthält diese Fabelei einen ganz andern Sinn. Es müsste aber sonderbar zugehen, wenn in den tyrischen und karthagischen Büchern, die den griechischen Gelehrten noch zugänglich waren, nicht bestimmte Nachrichten über diese Stadt und die sämmtlichen westlichen Kolonien vorhanden gewesen wären. Auch von einem Flusse Lixos erzählten die Griechen Wunderdinge, vielleicht dass er Nilpferde und Krokodile enthalte, dass an ihm sonderbare Menschen, Gamphasanten, Troglodyten, Satyren u. dgl. lebten. — Höchst wahrscheinlich ist darunter aber nicht der Fluss, der bei der gleichnamigen Stadt mündet[*]), sondern der Lixos des Hanno, der Daradoa oder Niger gemeint.

Es ist eine allgemeine Erscheinung, dass der Name eines herrschenden Volkes oder einer herrschenden Stadt auf das von ihnen gehörige Gebiet und die darin wohnenden Völker übergeht. Man denke daran, was Romani im siebenten Jahrhunderte vor Christus und was es nach Christi Geburt

---

*) Derselbe heisst auch Lix (Ptol.), Lukkos, Lukos (Skylax, Mela), und ist wahrscheinlich nicht der bei El Arisch mündende Wed Kus (Oued el kous), sondern der etwas südlich davon in's Meer gehende Oued Gloug. Die Stadt Lixos würde demnach etwas südlich von El Arisch zu liegen kommen.

bedeutete, man denke an die Karthager und so viele alte und neue Völker. Es muss eine Zeit gegeben haben, in welcher der Name der Lixiten die Völker des westlichen Mauretaniens bis zur Sahara hinab umfasste und bis in den fernen Osten, bis zu den Syrten und Aegypten hin bekannt war. Pausanias berichtet an einer Stelle, die von den homerischen Aethiopen handelt, auch den Mauren benachbart wohnten Aethiopen (Neger), die sich bis zu den Nasamonen an den Syrten erstreckten. »Denn (führt er fort) die Nasamonen, behauptend die Gränzen der Erde zu wissen, nennen die, welche Herodot als Atlanten kennt, Loxiten, die als die äussersten der Libyer auf den Atlas zu wohnen. Sie säen kein Getreide, sondern leben von den wilden Weinstöcken.« .... (Paus. I, 33, 4.)

Aus dieser Stelle geht deutlich hervor, dass die an den Gränzen Aegyptens wohnenden Nasamonen die Gegenden südlich und westlich vom Atlas sehr wol kannten und Reisen und Karavanenzüge bis dahin unternahmen. Dies ist nicht wunderbar; denn Herodot erzählt ausführlich, wie dieselben von Aegypten aus nach dem Ammonium, von da zu den Nasamonen von Augila (Udschila), dann zu den Garamanten, von da zu den Ataranten (etwa in der Gegend von Tidikelt) und endlich zu den Atlanten südlich vom Atlas kommen, und zwar in verhältnissmässig kurzer Zeit. Es lässt sich auch kein Grund absehen, weshalb damals die Verkehrsgeschwindigkeit geringer gewesen sein sollte, als heut zu Tage, da sich in den Verkehrsmitteln jener Länder schlechterdings nichts verändert hat. Dass Nasamonen bis in die Nähe des atlantischen Meeres zu kommen im Stande waren, verbürgen die Liby-Aegypter, welche dem Plinius zufolge hinter den Gätulern (im Bileduldjerid) und ihren Wüsten zwischen den Nigriten und den Leukäthiopen wohnten (Plin. V, 8). Die Sitze dieser Liby-Aegyptier fallen also in das Gebiet, das auf unserer Karte die Macchoräber und Phraurusier (Pharusier?) inne haben und wir können daher annehmen, dass beide Stämme nicht Neger von Ursprung, sondern (der erstere wenigstens) in alter Zeit aus Aegypten eingewandert waren.

In der That haben wir überreiche Kunden von solchen Wanderungen, und einige, die sich im Besondern auf diese Gegenden beziehen. Aethiopen, d. i. Kuschiten, sollen schon in altägyptischer Zeit vom Flusse Indus aufgebrochen und (über Arabien) nach Afrika gewandert sein, wo sie drei Reiche stifteten, das Meroïtische, das der Garamanten und das der Hesperier, die sich im Westen am Oceanus niederliessen. (Isid. orig. IX, 2, 118. Euseb. Chron. tom. II, p. 97). Hesperier bedeutet Abendländer,

Machorübi, wie wir oben gesehen, dasselbe; der Schluss liegt also nahe, dass Liby-Aegyptier und Machorüber ein und dasselbe Volk mit den Hesperiern sind. Der Zusammenhang derselben mit den Meroïten, Garamanten, Aegyptern und andern fern hausenden Stämmen lässt sich durch eine Menge einzelner Spuren und Ueberlieferungen darthun. So finden wir auf unserer Karte dieselben Stammnamen an den einander entferntesten Oertlichkeiten wieder: Ein Stamm der Arokker (die heutigen Auraghen, wie wir nachweisen werden) wohnt oberhalb der Nigriten; derselbe Name findet sich in der Garamantika mitten in der Sahara, Astakuri schweifen an dem heutigen Guriangebirge, und finden sich westlich vom Thalagebirge in einer Gegend, welche der wichtigen Oase Tuat entspricht. Ihre Nachbarn am letzteren Orte sind die Dolopes; eben diesen Namen finden wir dem Astakuri am Gurian benachbart, und sogar in der Ammonischen Oase. Beide Stämme, die Astakuri und Dolopes müssen daher wol in Gemeinschaft nach Westen gewandert sein. Ebenso giebt es Mimaces im südlichen Numidien und Nabathrä an der Küste um die Stadt Hippo Regius, während andere Mimaces und Nabathrä in der Centralsahara an den Gebirgen Thala und Arualtes wohnen, und man erkennt in der Pharanx Garamantika deutlich den Weg, auf dem sie nach Süden gezogen sind. Ein Volk der Darader gab es oberhalb Meroe, wie es Darader am Draa im westlichsten Afrika gab; die Nuba südwestlich vom Thala führen denselben Namen, wie die Nubier oberhalb Aegypten, Nykbiner (Aethiopen) wohnen in der Nähe der abyssinischen Darader, andere Nykbiner am Guriangebirge, nubische Blemmyer, die vom persischen Meerbusen ausgewandert sein sollen, erwähnt Plinius in der Nähe der Atlanten. Die Pharusier oberhalb der Nigriten, vielleicht auch die Phraurusier (was Schreibfehler sein kann), südlich von den Macchorübern, die Maurusier u. a. sollen aus Persien eingewandert sein.

Solcher Ueberlieferungen, welche von alten Eroberungszügen und Wanderungen aus Aegypten, Palästina, Arabien, Assyrien, Persien, Indien, Nubien und Abyssinien nach Mauretanien und überhaupt Westafrika reden, giebt es eine so grosse Anzahl, dass wir uns genöthigt sehen, dieselben im Allgemeinen als geschichtlich gelten zu lassen. Es wird damit nicht behauptet, dass etwa die grossen uralten Völkerstämme der Gätuler, Libyer, Amazirghen, oder wie man sie nennen will, von Asien her eingewandert sind, ebenso wenig wie man dies von den eigentlichen Negern behaupten wird, — es genügt vollständig, wenn wir annehmen, dass asiatische Völkertheile arabischen, arischen oder sonstigen Stammes durch grosse Staatsumwälzungen, Kriege, religiöse Kämpfe u. s. w. verdrängt, sich in bunter Mischung vom Nilthale aus über die Oasen und durch die trocknen Flussrinnen hin über diesen Erdtheil verbreitet, grössere Herrschaften und Reiche gestiftet und den Eingebornen eine höhere Stufe der Gesittung zugebracht haben.

Die Nasamonen erzählten auch, dass es bei den westlichen Aethiopen und den Loxiten keinen ähnlichen, grossen, stets fliessenden Strom gebe, wie der Nil sei, sondern dass das Wasser, welches vom Atlas in drei Rinnen südwärts ströme, wie alle Flüsse dort im Sande verlaufe. Das Wasser sei trübe, und an seiner Quelle im Atlas gebe es ellenlange Krokodile (grosse Eidechsen), die, wenn Menschen sich näherten, in die Quelle (eine Höhle) zurückschlüpften. Manche glaubten, dass das dort versiegende Wasser im Süden als Nil wieder zum Vorschein komme. — So weit Pausanias. Auch der gelehrte numidische König Juba, dem die alte punische Literatur zu Gebote stand, und dem Plinius vornehmlich seine Meldungen über Afrika verdankt, hatte diese durchaus nicht einfältige Meinung ausgesprochen (Amm. Marcell. XXII, 15). Als man die Wasser- und Bodenverhältnisse zwischen dem Pseudo-Niger und dem Nil noch gar nicht kannte, was nicht lange her ist, machte man ganz ähnliche Konstruktionen. Man sehe unsere Karte an und man wird sofort begreifen, welchen Fluss die Nasamonen und König Juba für den Ursprung des Nils ansahen. Es sind jene Rinnsäle, welche in drei Hauptästen (Oued Guir, Oued Saoura und Oued on Namous von Westen nach Osten) von den Gariphischen Bergen kommen, das Land der Melano-Gätuler durchfurchen und vereinigt jene lange breite Wasserschlucht bilden, welche sich am Westende der Hochebene von Muydir endlich verliert. Möglich, dass sie in das Stromgebiet des Niger (Djoliba) einmündet. Bis jetzt hat noch Niemand diese wol hundert und mehr Meilen lange Rinne zur Regenzeit und mit Hochwasser gehend erblickt; sie mag dann in den südlicheren Theilen kein geringfügiger Strom sein; das lässt sich denken. Wie genau waren aber jene Nasamonen unterrichtet, als sie von drei Flüssen sprachen, die am Atlas entspringend sich nach Süden zu im Sande verlören. Jedenfalls waren ihnen die grossen wichtigen Oasen von Tidikelt, Tuat u. a., die an diesem Strome lagen, und die sie auf ihren Reisen zu den Loxiten passiren mussten, zugänglicher und bekannter als uns, die wir erst ganz neuerdings etwas davon erfahren haben. Ptolemäus sagt, dass die Astakurer südwärts von den Mauralern (die er in östlicher Richtung vom See Debia hinter den Alitamben ansetzt) bis an die Wasserschlucht des Thala reichten. Darnach treffen sie auf eine Gegend, die mit der heutigen Oase Tuat zusammenfällt. Diese Oase, die durch Rohlfs genauer bekannt geworden, ist ein äusserst wichtiger Punkt für den binnenländischen Handel Afrika's; hier kreuzen sich die Karavanenstrassen, welche von Aegypten nach dem Maghreb und von Marokko nach dem Sudan gehen; sie bildet einen Ruhepunkt und Umladeplatz, und dies war schon im grauen Alterthum der Fall. Denn hier (oder in der Nähe) sind Herodot's Ataranten zu suchen, bei welchen die garamantischen und nasamonischen Karavanen Halt machten, ehe sie die weitere Reise zu den Atlanten, d. h. nach Marokko, fortsetzten. Wir haben bereits gesehen, dass die in den Oasen dieser Gegenden wohnenden Stämme der Mimaker, Astakurer und Doloper auf das südliche Numidien, die Syrtengegend und das Ammonium zurückweisen.

Dass die Lixiten des Hanno und die Loxiten bei Pausanias ein und dasselbe Volk sind, wird nun keines näheren Beweises mehr bedürfen. Dem letzteren zufolge waren sie ihrer Abkunft nach Libyer, und eines Stammes mit den Nasamonen, welche diese Verwandtschaft anerkannten, und sie auf das Genaueste von den Negern unterschieden. Sie sind also das, was man heutzutage Berber, Amarzirghen oder Imoscharh nennt. Damit ist ihre Vermischung mit Puniern und andern alten Kulturvölkern nicht ausgeschlossen; sie mögen uns als die letzten, noch Spuren höherer Gesittung bewahrenden Reste des alten seefahrenden und hochberühmten Volkes der Atlanten, und als eine Kolonie von Lixos gelten.

Von den Aethiopen, welche landeinwärts bis in den Atlas hinein als Troglodyten wohnten, berichten die Lixiten, dass sie schneller liefen, als Pferde. Mann konnte diese Bemerkung füglich nur machen, wenn man sie mit Pferden zu verfolgen und zu jagen gewohnt war. Auch im Lande der Garamanten, in der grossen Oase Fesan, gab es solche Neger, die in Höhlen lebten. Im Guriangebirge und südlicher in den Gebirgsrändern, welche auf dem Wege nach dem Tschadsee liegen, giebt es heut noch zahlreiche derartige Felsenwohnungen, die z. B. Barth theilweise besucht hat, und die zum Theil völlige unterirdische Dörfer bilden. Diese Troglodyten, sagt Herodot, sind die schnellsten aller Menschen, von denen wir gehört haben. Sie verzehren Schlangen und Eidechsen und sonstiges Gewürm. Eine menschliche Sprache wie andere Leute haben sie gar nicht, sondern sie quitschen wie die Fledermäuse (Herod. IV, 183). Also ein auf niedrigster Kulturstufe stehendes Völkchen. Die Garamanten jagten dieselben, wie er ebenfalls angiebt, nach libyscher Sitte mit vierspännigen Wagen. Welchen Zweck diese seltsamen Jagden hatten, wird nicht gesagt, aber er lässt sich leicht errathen. Die Garamanten, so wie die Lixiten und andere libysche Stämme, trieben bereits damals die noch heut in Afrika blühende Menschenjagd, um die Gefangenen als Sklaven zu benutzen oder in die Ferne zu verkaufen. Dieser Sklavenhandel gab damals, wie heute, hauptsächlich den Anlass zu den weiten Reisen, welche die räumlich entferntesten Stämme mit einander in Verbindung setzten und in fortwährend regem Zwischenverkehr erhielten. Hiernach wird es uns nicht mehr auffallend vorkommen, wenn wir die Nasamonen so vertraut mit den Verhältnissen im fernen Westen finden. Das gewerbfleissige, stark bevölkerte, reiche Aegypten und die dahinter liegenden asiatischen Kulturländer waren der Hauptmarkt für diese schwarzen Sklaven; die Nasamonen aber eines jener Völker, welche, wie dies noch heute der Brauch ist, diesen Verkehr vermittelten, die Erzeugnisse ägyptischen und phönicischen Gewerbfleisses in das Innere von Afrika verführten und dafür Sklaven, Steinsalz, Gold, Gummi, Wachs, Elfenbein u. s. w. zurückbrachten. So leitet z. B. Barth die Kultur des Reises und der Dattelpalme am obern Niger von den Nasamonen ab; denn die Oase Audjila, die ihnen gehörte, war ein berühmtes Dattelland, und diese Frucht bildete ohne Zweifel den Hauptproviant ihrer Handelsleute.

Nachdem wir den Ausgangspunkt der weiteren Fahrt, den Lixus, mit Sicherheit bestimmt haben, wird es uns leichter fallen, auch die noch folgenden Oertlichkeiten auszumitteln. — Von den Lixiten mit Dolmetschern versehen, schifften also die Punier zuerst zwei Tage nach Süden (Südwesten) und den dritten Tag östlich (mit Ausnahme des letzten Theils der Reise unmöglich). Dort trafen sie im Grunde eines Meerbusens eine kleine Insel von fünf Stadien Umfang. Diese bebauten sie und nannten sie Kerne. Sie schlossen aus der Länge der Fahrt, dass sie gerade unter Karthago liege, weil die Länge der Reise von Karthago bis zu den Säulen, und von dort bis Kerne gleich sei. —

Das genannte Inselchen kann nur die kleine Insel sein, welche im innersten Winkel der tiefen Bucht von Rio do Ouro liegt; die Insel Arguin (das Agadir der Mauren) südlich vom Kap Blanc liegt für drei Tagereisen zu entfernt vom Lixos. Auf die erstern passt auch ungefähr die Entfernung von der Meerenge von Gibraltar im Vergleich zu der von Karthago. Kerne nannten sie vielleicht die Insel, weil sie in einem Horne, d. h. in punischer

Sprache keren, in einer tiefen Bucht lag. Denn unter Horn ($\kappa\acute{\epsilon}\rho\alpha\varsigma$) versteht der Reisebericht des Hanno tief in's Land schneidende Buchten, nicht Vorgebirge, wie Plinius, Ptolemäus und nach ihnen d'Anville und Bougainville (Geogr. der Griechen und Römer v. F. A. Ukert, I. Th., S. 65). Vorgebirge nannten die Punier rûs: Rus-adir, Rus-ikada, Rus-ubirbir u. s. w. Die Ansiedelung dieser winzigen Insel, die etwa nur ⅛ Meile im Umfang hatte, an einer wüsten, unwirthlichen Küste und entfernt von grösseren Kolonien lag, hat etwas Befremdendes, indessen verliert es sich bei näherer Betrachtung. An der gegenüberliegenden Küste wohnte das Volk der Leukäthiopen, wahrscheinlich ein hellerer, mit weissem Blute gemischter Negerstamm. Mit ihm traten aller Wahrscheinlichkeit nach die Punier durch Vermittelung der mitgebrachten Lixiten in Handelsverbindung. Hier und an keinem andern Orte haben wir die Stelle zu suchen, wo jener sonderbare Tauschhandel stattfand, von dem Herodot berichtet. Darnach legten nämlich die Karthager ihre Waaren an dem Strande aus und machten einen Rauch. Wenn die Eingeborenen denselben sahen, kamen sie an das Meer und legten Gold zu den Waaren, worauf sie sich zurückzogen. Nun kamen andererseits die Karthager wieder von ihren Schiffen, nahmen, wenn ihnen das Gold genügend erschien, dasselbe weg und zogen ab. Im entgegengesetzten Falle gingen sie ohne dasselbe in die Schiffe, und warteten, bis die Aethiopen noch mehr Gold zugelegt hatten. Beide übervortheilten dabei den andern niemals (Her. IV, 196). Einem solchen Handel müssen bindende Verabredungen vorangegangen sein, die füglich nur durch Dolmetscher, wie die Lixiten, geführt werden konnten; solche Maassregeln konnte aber nur das gegenseitige Misstrauen eingeben. Wie es scheint, waren die Karthager für ihr Leben, die Aethiopen für ihre Freiheit besorgt; die Karthager konnten, statt Kaufleute anzutreffen, von nomadischen Räuberhorden erschlagen, die Aethiopen von den ersteren als Sklaven mit fortgeschleppt werden. Das Gold, welches jene Aethiopen brachten, mochte, wie das, welches die Karavanen heut aus Timbuktu holen, aus dem Konggebirge stammen, und von den Handelsleuten der Leukäthiopen, Perorsen u. s. w. nach Kerne gebracht werden. Diese Insel, die nach Plinius etwa 1000 Schritte vom Lande lag, diente dabei offenbar als sicherer Zufluchtsort und Waarenlager, wo die Punier ihre Speicher hatten.

Erinnern wir uns, dass Herodot, der dieses berichtet, höchstens 40 bis 50 Jahre später, als Hanno Kerne in Besitz genommen, seine Reisen machte und seine Erkundigungen einzog. Der älteste Schriftsteller, der von Kerne als einem wichtigen Handelsplatze im atlantischen Meere und der äussersten Grenze geschäftlicher Thätigkeit nach Süden redet, ist Skylax von Karyanda, aus Karien in seinem Periplus. Wir können uns auf eine kritische Untersuchung über die zwei oder drei Männer dieses Namens und die Abfassungszeit des Periplus hier nicht einlassen; aber interessant ist es, dass ein Karer uns diese Nachricht giebt. Ist es der alte Skylax von Karyanda, der unter Darius Hystaspes auf des Königs Befehl die Uferstrecken und Küsten Asiens vom obern Indus aus bis in's Innere des arabischen Meerbusens untersuchte, und auch seine Reise beschrieben zu haben scheint (Herod. IV, 44), dann ist er ein Zeitgenosse des Hanno. Wenn wir uns nun erinnern, dass der letztere eine starke karische Kolonie nach dem Lande südwärts vom Atlas führte, so ist es sehr begreiflich, dass die Karer in der alten Heimat Verbindungen mit diesen Gegenden unterhielten und dass auch Skylax eine oder mehrere Fahrten hierher und bis nach Kerne unternommen haben kann. Auch Eratosthenes hatte von Kerne gesprochen; Strabo dagegen zweifelt, ob es ein Kerne gebe und in der That mag diese Faktorei der Karthager zu seiner Zeit nicht mehr bestanden haben. . Der Sturz der karthagischen See- und Handelsmacht erklärt ihr Verschwinden, wie er den Untergang aller der blühenden punischen Kolonien im Westlande erklärt, von denen oben die Rede war. Kerne muss von 500 bis etwa 200 v. Chr. bestanden haben und nicht ohne Wichtigkeit für den Handel mit den Ländern des obern Djoliba gewesen sein, wo nach Ptolemäus das grosse Volk der Afrikeronen wohnte.

Von Kerne aus unternahmen die Punier eine weitere Fahrt und gelangten, indem sie einen grossen Fluss Namens Chretes durchschifften, in einen See, worin drei Inseln waren, grösser als Kerne. Drei Tagefahrten von denselben, kamen sie an's Ende des See's. Am Ufer desselben zogen sich hohe Berge hin, auf denen wilde Menschen lebten, die mit Thierfellen bekleidet waren. Sie verhinderten die Karthager mit Steinwürfen am Landen, worauf dieselben umwandten und nach Kerne zurückkehrten.

Einen eigentlichen Fluss mit einem See dahinter, an dem sich Berge hinziehen, bietet die in Betracht kommende Küste nicht dar, dagegen passt die Beschreibung, wenn wir annehmen, dass der Reisebericht durch die Uebersetzung etwas gelitten und dass der punische Text dem Geiste seiner Sprache gemäss, die keine eingeschachtelte Participalkonstruktionen zuliess, etwa so gelautet hat: »Und wir kamen in einen See, und schifften durch einen Fluss (lange schmale Durchfahrt), Chretes war sein Name, und in der See waren drei Inseln, grösser als Kerne etc. — Es ist die Gegend am St. Johnsflusse und dem Kap Mirik, wie bereits Rennel erkannt hat. Der genannte Uferstrich zwischen dem 19. und 20. Grade nördlicher Breite sieht heutzutage etwa so aus:

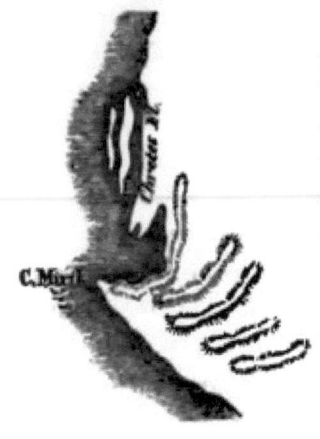

Die Tagfahrten scheinen hier nur kurz gewesen zu sein, wahrscheinlich weil die ungeheure Hitze auf die Thätigkeit der Ruderer erschlaffend wirkte. Dies gilt auch von der zweiten weiteren Fahrt nach Süden. Die erste machte am Kap Mirik Halt und segelte nach Kerne zurück.

Ueber die zweite Fahrt wollen wir kurz sein. Von Kerne segelte man (an den vorigen Punkten vorbei) zwölf Tage gegen Süden am Lande hin, das von Negern mit unverständlicher Sprache bewohnt war. Am zwölften Tage gelangte man zu hohen Bergen, die dicht bewaldet waren. Das Holz der Bäume war wolriechend und bunt (die Gummiwälder in der Nähe von Portendik). Zwei Tage weiter ungeheure offene Bucht in ganz ebener Gegend. (Mündung des Senegal.) In der Nacht sehen die Punier allenthalben in Abständen grössere oder kleinere Feuer auflodern. (Vielleicht alarmirten die Neger in ähnlicher Weise, wie es noch heute geschieht, das Land aus Furcht vor den Puniern, oder es war Krieg im Lande.) Einnahme von Wasser, fünf Tage weitere Schifffahrt. Grosser Busen, den die Dolmetscher das Abendhorn nennen. (Busen am Kap Roxo.) Daselbst grosse Insel mit einem Salzsee, worin wieder eine Insel. Ringsum nichts als Wald, Nachts viele lodernde Feuer, Flötentöne, Cymbellärm, Trommeln und Geschrei (die Eingeborenen alarmirten das Land oder feierten ein grosses Fest). Abfahrt auf Rath der Wahrsager. Vorbeifahrt an der feurig-heissen Gegend der Wolgerüche, aus der feurig-heisse (ausgetrocknete?) Flüsse in's Meer gingen. Vier Tage weiter das Land bei Nacht wieder voller Feuer. Grosser Berg (am fünften Tage), Theon Ochema genannt (Gebirge von Sierra Leone). Drei Tage weitere Fahrt, neue Feuerströme, endlich Busen, das Südhorn genannt, dabei eine Insel mit einem See (Insel Scherboro) voller zottiger wilder Menschen, darunter namentlich viele Weiber (Gorilla-Affen). Rückkehr nach Karthago.

III.

Der Fluss Gir, der See Nuba und der Tritonsee.

Ueber den zweiten grossen Fluss Gir können wir kurz sein. Dass er nichts mit dem Bahar el Ghazal, dem in den Tschadsee fliessenden Yaou oder Yeu in Bornu zu thun hat, und dass der Nuba nicht der Tschadsee ist, wird bald einleuchten, zugleich aber werden wir abermals einen Blick in den wahren Stand der alten afrikanischen Geographie thun können. Der Gir ist nämlich kein anderer als der Wed Dscheddi im Bileduldjerid*), und der Nubasee, jener grosse Salzsee westlich der kleinen Syrte, der bisher als Tritonsee galt. Des Ptolemäus aus Reiseberichten geschöpfte Angaben sind wieder unendlich besser als seine Karte.

Ihm zufolge fliesst der Gir zwischen dem Vasargalagebirge (auf dessen Nordseite ihm zufolge der bei Karthago mündende Bagradas entspringt) einerseits und der Garamantischen Pharanx hin; dann bildet er die Chelonischen Seen (Schildkrötenseen) und verschwindet unter der Erde. Wieder zum Vorschein kommend bildet dieser östliche Flusslauf den See Nuba (IV, 6, § 13). Unter (diesseits vom Norden aus) dem Flusse liegt die Hauptstadt Geira (Gira), und am Flusse selbst von Norden an (richtiger von Westen nach Osten) die Städte Thykimath, Geua (Geuath?), Badiath, Ischerei, Tukrumuda, Thuspa (Thuppa), Artageira, Rubune, Lynxama (ebd. § 32).

Der Gir ist demnach der Wed Djeddi, führt also wahrscheinlich noch den alten Namen. Die chelonischen Seen sind der Melrir, der seinen Hauptzufluss aus der Pharanx Garamantica empfängt, und die kleineren Nebenseen (vielleicht auch der El Garnis). Dann verschwindet der Fluss und bildet (durch ausgetrocknete Flussläufe verbunden) östlich den grossen Schott Kebir, den Nuba. Noch mehr bestättigen diese Gleichstellung die Städtenamen, die sich in richtiger Ordnung als noch jetzt bestehende Hauptorte an diesem Flusse und seinen Nebenästen finden. Thykimath ist das heutige Tadjmut, Geua ($\Gamma\eta o i\alpha$) — El Aghuat (Laghuat), Ischerei (Bischerei?) — Biskara, Tukrumuda — Tuggurt. Vergleicht man nun die Weltkarte des Ptolemäus, so wird man trotz der Verzerrung finden, dass der allgemeinen Lage nach (wenn auch viel zu südöstlich gesetzt) nur der Wed Djeddi mit dem Gir gemeint sein kann. Hieraus geht aber wieder hervor, dass Ptolemäus seine beiden grössten Flüsse Innerafrikas, den Niger und den Gir unmittelbar hinter den

---

*) Früher bereits erkannt. Siehe im Anhange.

Atlas und seine Ausläufer und nördlich der Sahara angesetzt hat, ferner, dass diese Gegenden verhältnismässig gut bekannt waren. Dies ist auch kein Wunder. Wahrscheinlich benutzte er punische Bücher in Uebersetzungen und Bearbeitungen, wie sie damals vorlagen, so z. B. König Juba's Schriften, die auch des Plinius Hauptquelle sind. Juba konnte, wie wir aus Salust ersehen, eine ganze Bibliothek punischer Bücher zur Verfügung haben. Denn eine solche besass König Hiempsal, und Salust liess sich daraus einzelne geschichtliche Stücke übersetzen.

Ptolemäus setzt merkwürdiger Weise die Garamanten nicht in der Oase Phazania (Fesan) an, obgleich er ihre alte Hauptstadt Garama ganz wol kennt, sondern von der Quelle des Bagradas (am Vasargalagebirge) bis zum See Nuba (§ 16), also im südlichen Numidien. An einen Irrthum, ein späteres Einschübsel u. dgl. ist nicht zu denken. Man vergleiche § 18, wo es heisst, die Völker der Makkoer, Dauchiten, Kaliten wohnten vom Gebirge Girgiri, d. i. dem heutigen Djebel Gurian im Tripolitanischen (Plin. Gyri mons), in der Richtung auf die Garamanten zu bis zum See Nuba. Wahrscheinlich waren diese westlich von der kleinen Syrte landeinwärts wohnenden Garamauten die Reste des gleichnamigen Volkes, das einst im Fesan wohnte, und eine weitgehende Herrschaft über die Völker der Sahara übte. Herodot nennt die Garamanten ein «ungeheuer grosses Volk» und denkt dabei jedenfalls mehr an die Ausdehnung ihres Reiches, als an die Kopfzahl des eigentlich herrschenden Stammes, die nicht sehr bedeutend gewesen sein kann. Vielleicht hatte Cornelius Balbus, der Statthalter von Africa propria, der im Jahre 19 v. Chr. einen siegreichen Feldzug gegen die Garamanten unternommen, ihre Städte eingenommen und einen grossartigen Triumph gefeiert hatte, das Reich gründlich zerstört und die Reste des Volkes in die Gegenden versetzt, wo wir sie bei Ptolemäus finden.

Der grosse Salzsee dem Winkel der kleinen Syrte gegenüber ist also der See Nuba, nicht der Tritonsee. Er kann es nicht sein, wenn man auch bisher behauptet hat, er sei es, und die Karten diesen Namen hineinsetzen, der ächte Tritonsee ist vielmehr die östlichste der drei seeartigen Einbuchtungen an der kleinen Syrte, welche heute den Namen des See's von Biban führt.

Bekanntlich spielt Libyen schon in den mythischen Zeiten Griechenlands eine Rolle und eine ganze Anzahl von Sagen deuten nach dem afrikanischen Festlande hinüber; das schaafreiche Land Libyen, die Lotophagen, der Name der Nasamonen, Garamanten, des Perseus, der Gorgonen, treten in mannigfaltigen Mythen auf, namentlich ist der See Triton mit seiner Umgebung als Heimath des Poseidon und des Athenodienstes, des Oelbaumes, der Pferdezucht und anderer Dinge berühmt, und wenn man Alles darauf Bezügliche zusammenstellt, kommt man bei unbefangener Schätzung zu der Ansicht, dass dieser Strich, dessen enger Zusammenhang mit Aegypten und Phönicien gar nicht in Frage gestellt werden kann, schon hoch im zweiten Jahrtausende vor Christus der Sitz einer ansehnlichen Kultur gewesen und mit Griechenland in mannigfaltigen und engen Bezügen gestanden haben müsse. Dank der Fabelgeographie der Odyssee, welche unseres Erachtens (und wir haben hier den grossen Eratosthenes auf unserer Seite) etwa den geographischen Werth einer Robinsonade, oder der Beschreibungen von Liliput und Brobdignag hat, und die für Homers Kenntnisse vom Westlande etwa so viel beweist, als das Jsenland und Nibelungenland des Nibelungenliedes für die Kenntnisse der mittelalterlichen Deutschen von Dünemark, England u. s. w. — Dank ferner der wasserscheuen Vorsicht unserer höheren Kritik, Dank ihrer zärtlichen Sorgfalt für die unvermischte Reinheit der Hellenen, die als auserwähltes Volk auf den geschichtlichen Isolirschemel gesetzt und von aller Berührung mit den Barbaren fern gehalten werden müssen — Kultureinflüsse von Afrika, von den gefährlichen Syrten, von der unwirthbaren Sahara, von den libyschen Barbaren her sind kritisch verboten; weder Danaus noch Lelex, noch sonst ein Sohn Poseidon's darf, obgleich die Sage hierin sehr hartnäckig ist, aus Aegypten oder Libyen kommen, und der weitgereiste, klare, nüchterne Herodot, der z. B. das Ulululu-Rufen der griechischen Frauen, das noch heute in Nordafrika überall erschallt, und andere Dinge in Libyen mit Ohren hörte und mit Augen sah, muss als einfältiger Tropf hingestellt werden, der Triton muss ein kleines Bächlein in Böotien oder Kreta sein, Poseidon mit seinem Rosse und Athene mit ihrem Oelbaume dürfen nicht aus Libyen kommen. Warum nicht? 1. die Athener sind das geistreichste und gesittetste Volk des Alterthums — können also nicht ihre Hauptgöttin, die Verkörperung aller Intelligenz, aus dem finstern Barbarenlande erhalten haben; 2. liegt viel Wasser dazwischen und die Schifffahrt war damals (quod est demonstrandum) in ihrer Kindheit. Wenn man diese Grundsätze zur Richtschnur nimmt, ist man kritisch.

Aus Herodot's Angaben über denselben See geht Folgendes hervor: Der Tritonsee war ein seichtes mit Untiefen erfülltes eingeschlossenes

Gewässer, das mit der (kleinen) Syrte durch eine offene Furth in Verbindung stand. Mag die Geschichte von der Seefahrt und der Verschlagung des Jason eine Fabel sein, so ist sie doch in Anknüpfung an bestimmte wohlbekannte Oertlichkeiten gemacht, und setzt verhältnissmässig genaue Bekanntschaften mit denselben voraus. Wie konnte Jason's Schiff mitten in die Untiefen des Triton gerathen, wenn es nicht von der Syrte aus durch die offene Einfahrt von Norden hineingekommen? Der Schott el Kebir hat nach den neueren Reisenden keine Verbindung mit der Syrte. In den Tritonsee floss (jedenfalls von Süden) ein Fluss Namens Triton, welcher die Grenze zwischen den beiden libyschen (amazirghischen) Stämmen der Machlyer (östlich) und der Auser bildete. Beide verehrten als Landesgottheit die Athene, eine Göttin, deren Tracht in Griechenland, wie Herodot ausführlich beschreibt, mit dem Kostüme der libyschen Frauen übereinstimmte. Bei einem Feste dieser Gottheit wurde die Göttin in der Verkörperung einer schönen kriegerisch bewaffneten Jungfrau in Procession rund um den See geführt (IV, 179, 180). Hieraus folgt, dass derselbe nur einen mässigen Umfang gehabt haben kann; ein derartiger Umzug um den Schott el Kebir in der trostlosen Wüste würde einer wochenlangen, beschwerlichen Karavanenreise gleichgekommen und wahrscheinlich kein Freudenfest gewesen sein. Ferner lag in dem See eine kleine Insel, Namens Phla, welche einst die Lacedämonier colonisirt haben sollten (178). Dasselbe klingt nun wieder höchst auffällig und verblüffend; indessen ändert sich die Sache, wenn man ihr auf den Grund geht. Spartiaten sind diese Lacedämonier sicherlich nicht gewesen; aber an solche hat Herodot auch gar nicht gedacht.

Ohne Zweifel waren es lakonische Periöken, gewerbtreibende Lakonen phönicischer oder lelegischer Abkunft von der durch ihre Purpurfischereien und sonstigen Handelsverkehr berühmten Insel Kythera. Die nahe Insel Meninx, die Stadt Zuchis an dem ächten Tritonsee waren berühmt durch Purpurfischerei und Färberei; es lässt sich also denken, dass diese Gegend von dem phönicischen Kythera aus colonisirt worden war. Nun wissen wir aber, dass die späteren hellenischen Könige von Kyrene, Nachkommen des Stifters dieser Kolonie, des Aristoteles Battos, ihr Geschlecht von dem Argonauten Euphemos ableiteten, und dass dieser Euphemos oder seine Nachkommen, die mit den Doriern in den Peloponnes gekommen, ehe sie weiter nach Thera gingen, Fürsten in dem Striche am Vorgebirge Tänaron gewesen waren, und ebenso dass sie alte Erbansprüche auf das

Land Libyen machten, in welchem sie (oder Jason) einer Weissagung zufolge hundert Städte gründen sollten. Mythisch wurde dies von einer Landung der Argo und einer Erscheinung des Seegottes Triton, der dem Euphemos als Zeichen des gegebenen Anrechtes eine Erdscholle überreicht hatte, abgeleitet; geschichtlich können wir es erklären, wenn wir annehmen, dass die Gegend am Triton als Kolonie von Kythera zu Südlakonien gerechnet wurde und dass die Euphamiden als ehemalige Fürsten dieser Gegend ihre Ansprüche an Libyen auf dieses Verhältniss begründeten. Hieraus dürfte schon halb und halb ersichtlich sein, dass es Wege und Mittel genug giebt, um den mythischen Glanz des Tritonsee's und Libyens Einfluss auf Griechenland ganz einfach und natürlich zu erklären.

Dem Ptolemäus zufolge kommt der Fluss Triton von einem Gebirge, dessen Name im Texte ausgefallen ist, das aber füglich kein anderes sein kann, als der Djebel Fissat hinter der kleinen Syrte. In dem (oder besser an dem) Flusse Triton sind nach ihm drei Seen oder Lachen, der Tritonische (Tritonitis), der See Pallas und der libysche See (Libye). Man wird hierin unschwer die drei (auf älteren Karten zwei) seeartigen Buchten von Biban, die wahrscheinlich zu Zeiten ganz ausgetrocknete Lache südöstlich von dem Hafenplatze Sarsis, und das fast kreisrunde Becken erkennen, welches durch die vorliegende Insel Djerba (Zerbi), die alte Meninx und Lotophagitis, nach der Seeseite begränzt wird und nur durch zwei schmale Strassen östlich und nordwestlich mit dem offenen Meere zusammenhängt.

Man könnte dieses grosse seichte Becken für den Tritonsee halten; die darin liegende Insel Kaliat würde dann die Insel Phla des Herodot sein; indessen scheinen die darein gehenden Wasserrinnen zu unbedeutend für den Fluss Triton, der so bestimmt hervortritt, und daher kann man kaum zweifeln, dass der See el Biban, an dessen Oeffnung in's Meer gleichfalls mehrere kleine Inselchen liegen und in welchen der bedeutende Wed Feesa sich ergiesst, der ächte Tritonsee ist.

Barth passirte auf seiner Reise von Sarsis nach Tripolis diese Gegend. erreichte von Sarsis aus den nordwestlichen Winkel des See's von Biban nach etwa acht Stunden Weges. «Der See oder die «Ssebcha» von Biban ist ein tiefer Golf oder Busen des Meeres und ist durch einen engen Kanal, den «wad mta el Biban» mit der offenen See verbunden. Das eigentliche Bassin hat daher nicht den Charakter einer wirklichen Ssebcha; denn mit diesem Namen bezeichnet man eigentlich eine seichte, mit einer Salzrinde bedeckte Einsenkung, die zuweilen trocken ist und zu andern Zeiten eine Wasseransammlung bildet. Eine solche Beschaffenheit haben nur die Ufer des See's und namentlich die sogenannte «Machada», eine Einsenkung, welche, weit in's Land einschneidend, zuweilen auf einem grossen und wegen der Nachbarschaft gesetzloser Beduinenstämme gefährlichen Umwege umgangen werden muss. Glücklicher Weise fanden wir die Machada trocken und konnten dieselbe ohne Schwierigkeit passiren.» (Barth, Reisen und Entdeckungen in Nord- und Central-Afrika. Im Auszuge bearb. 1. Bd. S. 8, 9.). Am Rande des See's nach Osten zu fand der berühmte Reisende besser bewohnte Gegenden, reiche Weidegründe mit zahlreichen Heerden von Rindvieh. Auch liessen sich Rudel von Antilopen sehen. Am Ufer des See's fand er Ruinen einer nicht gerade bedeutenden römischen Ortschaft «El Medeina» d. i. «die Stadt» genannt. Ein schöner, gut erhaltener Quai zeigte, dass die See einst tiefer gewesen sein müsse.

Ohne Zweifel ist die sogenannte Machada (der Wed Fessa?) der berühmte Fluss Triton, der einst die Grenze zwischen den Machlyern und Ausern machte. Noch heut ist die Gränze zwischen dem tunesischen und tripolitanischen Gebiete, durch eine Hügelreihe (Makta) bezeichnet, hier in der Nähe.

Strabo beschreibt die Gegend in folgender Weise: «Hinter der (kleinen) Syrte ist der See Zuchis mit einem Umfange von 400 Stadien (10 geogr. Meilen), und einem engen Zugange vom Meer aus; daran eine gleichnamige Stadt mit Purpurfärbereien und allerlei Dörranstalten (von Thunfischen?), dann ein anderer weit kleinerer See (Bucht u. Hafen Mirssa Bureka).» (XVII, 3).

Wahrscheinlich bezeichnen die von Barth besuchten Ruinen aus römischer Zeit die Stätte dieser gewerbfleissigen Stadt Zuchis, die dann gegen das Ostende des See's zu liegen käme. Jedenfalls war sie eine phönicische Stiftung. Wir erinnern an das, was wir oben vom Zusammenhang dieser Gegend mit Lakonien und der Insel Kythera gesprochen. Warum sollte also hier nicht einst eine phönicische Stadt gelegen haben, welche die kunstverständige Göttin Athene verehrte, deren Kult einestheils die benachbarten Libyer, anderntheils die Griechen annahmen? warum sollten die Thunfischfänger dieser Gegenden nicht in uralter Zeit die griechischen Gewässer besucht und den Kult ihres Schutzgottes Poseidon an den dortigen Küsten und Vorgebirgen heimisch gemacht haben? Denn Poseidon ist eben nichts weiter als der Schutzgott der Thunfischfänger und sein Dreizack bis heutigen Tag das Werkzeug, mit dem diese Fische gestochen werden.

Die Machlyer und Auser, die zu Herodot's Zeiten in diesen Gegenden umherzogen, müssen nach seiner Zeit ausgewandert und weiter nach Norden gezogen sein. Wir finden die »Machryer« bei Ptolemäus in Byzakium, und ihre frühere Stelle nehmen Kinithier und Nigitimer ein. Dies mag die Ursache sein, weshalb hier nun der Athenedienst verschwindet und der Tritonsee unbekannt wird. Die Namen der drei Seen bei Ptolemäus: Tritonitis, Pallas, Libye verrathen schon deutlich ihren gelehrten Ursprung. Strabo kennt diese poetisch gewordenen Namen nicht, sondern nur einen See Znchis.

IV.

Die Central-Sahara im Alterthum.

Nachdem die Lage der Flüsse Nigir und Gir mit Bestimmtheit ausgemittelt ist, wird es auch nicht mehr schwer sein, mit Hilfe der neueren Karten die drei Gebirge Thala, Aranka und Arualtes zu bestimmen, welche Ptolemäus mehr südlich von jenen Flüssen ansetzt.

Zunächst ist das Thalagebirge nachweisbar; es ist das Gebirge, welches dem Reisenden, wenn er in der Richtung vom Mandros und Niger südöstlich wandert, in der endlosen Sahara zuerst entgegentritt. Denn Ptolemäus sagt, der Nigir habe in seinem Laufe zur einen Seite den Maudros, zur andern den Thala. Dieses Gebirge entspricht also ohne Zweifel der Hochebene von Tademayt, und namentlich der höchsten Erhebung derselben, dem Djebel Tidikelt. Diese Bergkette musste bekannt sein und dem Reisenden auffallen; denn sie liegt an dem Karavanenwege, der, wie wir oben gesehen, schon im grauesten Alterthum von den Garamanten aus zu den Atlanten führte, und die grossen wichtigen Oasen von Tidikelt und Tuat berührt. Den grossen, langen Wed, welcher hier unter dem Namen Wed Messaud, Wed Akkaraba von der Südseite des Atlas herabkommt und den natürlichen Verkehrsweg durch die Wüste bildet, kennt Ptolemäus unter dem Namen der Pharanx des Berges Thala, und versetzt an seine Westseite die Völker der Nubier und (nördlicher) der Astakurer. In dieser Gegend müssen wir auch die Ataranten Herodots suchen; denn diesem Schriftsteller zufolge wohnten sie in der Mitte des Weges zwischen den Garamanten von Fesan und den Atlanten am Atlasgebirge (IV, 184, 185). Herodot weiss, dass von den Garamanten bis zu den Säulen des Herakles sich eine fortlaufende «Augenbraue» (ὀφρύη), d. i. ein Hohlweg mit wallartiger Einfassung, wie die Wed's oder Wadi's sind, fortziehe, und namentlich beschreibt er das Innere der Sahara sehr richtig: «Es ist das Mineral des Salzes in ihr (der Braue, dem Wadi) auf einer Strecke von zehn Tagereisen vorkommend, und Menschen wohnen dort. Alle ihre Wohnungen sind aus Salzschollen gebaut; denn dieser Theil Libyens ist regenlos; sonst könnten die Wände, da sie aus Salz bestehen, nicht dauern, wenn es regnete. Das Salz aber, das dort gegraben wird, ist weiss und purpurroth von Farbe. Jenseits von dieser Braue nach Süden und in's Innere Libyens zu ist das Land wüst, wasserlos, ohne Wild, ohne Regen und Waldwuchs. Auch kein Thau fällt daselbst.»

Nach Barth's Erfahrungen reicht die Nordgränze des tropischen Regens bis etwa zum 22. Grade nördlicher Breite. Er erlebte den ersten furchtbaren Regensturm in der unbewohnten Wüste südwärts vom Brunnen Aïssala auf dem Wege von Rhat (wo unsere Karte Baraca zeigt) nach dem Süden. Herodot's Schilderung kann sich also nur auf die ganz unbewohnte wasserlose Wüste Tanesrufet beziehen, die noch nördlich von dieser Regengränze liegt. Hieraus ergiebt sich auch, dass jenes salzreiche Land auf der zehntägigen Reisestrecke von den Garamanten zu den Ataranten liegt, die er früher erwähnt hat, und die demnach der heutigen Strasse von Rhat nach Tidikelt und Tuat entsprechen muss. Mit dem purpurrothen Salze der Sahara hat es seine Richtigkeit. Salz von guter Beschaffenheit und rother Farbe «Dja-n-gischeri» wird zu Togidda und Ingal im Gebiete von Agades gewonnen und nach Norden verführt (Barth, Reis. u. Entdeck. I, S. 174).

Wie Herodot berichtet, gelangte man nach zehntägiger (?) Reise westwärts von den Garamanten abermals zu einer Bodenerhebung (χολωνός) aus Salz, wo es Wasser gab und Menschen wohnten. Sie hiessen Ataranten, und hatten allein von allen Menschen keine besonderen Eigennamen, sondern einer hiess wie der andere Atarant. Sie hatten die nicht löbliche Gewohnheit, der Sonne, wenn dieselbe zu heiss brannte, zu fluchen und ihr alle möglichen Schimpfnamen zu geben. Zehn Tage weiter war abermals eine Bodenerhebung aus Salz (d. i. wo man Salz aus der Erde grub), und Wasser, und die Menschen dort hiessen Atlanten nach dem himmelhohen, steilen Gebirge, welches an die Salzerhöhung stiess.

Die Namenlosigkeit der Ataranten scheint mir mehr als zweifelhaft, weil ganz unnatürlich. Wahrscheinlich waren sie nach der allgemeinen

Sitte der Berbervölker eine hieher verzogene Geschlechtsverbindung, die ihren Stammnamen in der Art gebrauchte, wie wir unsere Familiennamen. Das Verfluchen der Sonne wird auch von andern asiatischen und afrikanischen Stämmen berichtet, namentlich von einigen Negerstämmen am obern Nil in den Gegenden um Meroe (Strabo XVII, 2. Diod. III, 9). Die furchtbare Hitze macht dies begreiflich genug, und es erklärt sich hinreichend, wenn die Stämme der Garamanten über die ganze Sahara hin die Gottheit nicht in der heissen Vormittags- und Morgensonne, sondern als Jupiter Ammon im kühlen Abende und dem erfrischenden, belebenden Lufthauche verehrten.

Die Atlanten Herodot's, von denen der weitere Weg (auf der von Rohlfs eingeschlagenen Route) zu den Säulen des Herakles führt, sind zunächst in der Oase Tafilet und den benachbarten Strichen zu suchen, die unter dem hohen Atlas liegen. Geschichtlich sind es die Nigriten, Pharusier und die andern Stämme, die westlich bis zum Ocean reichten.

Zwischen dem Gebirge Kapha und dem Thala wohnte das Negervolk der Odrangiden, das demnach einen sehr ausgedehnten Raum einnahm. Seine Wohnsitze sind durch diese Angabe hinreichend genau bestimmt; sie fallen in die Striche der grossen Wüste, die sich zwischen den beiden gegebenen Punkten ausbreitet. Allem Anscheine nach war es, da ringsum nichtäthiopische Stämme genannt werden, ein in früherer Zeit in diese Wüste gejagter Stamm der Eingebornen, der dort seine elende Freiheit ungefährdet behauptete und in den uns meist noch unbekannten Oasen sein klägliches Dasein fristete. Neger waren offenbar einst die eingeborne Bevölkerung bis an den Atlas hinauf, sie wurden aber, wie wir bereits gesehen haben, von den aus Norden und Osten vordringenden gätulisch-amazirghischen Stämmen unterjocht, durch Krieg und Sklavenjagd ausgerottet oder in die Wüste gejagt. Andererseits aber verschmolzen sie auch mit den Eindringlingen durch gegenseitige Ehen und es bildeten sich Mischvölker, wie die Schwarzgätulor, die Weissneger oder Leukäthiopen u. a. An solchen Mischvölkern ist das nördliche Afrika sehr reich.

Das zweite Gebirge der Centralsahara ist der Arankas, südlich vom Thala, also ohne Zweifel das Hochland von Hogār oder Hágara mit seiner höchsten Erhebung dem Dschebel Hagar oder Attakor, das als geschlossener District in Mittelafrika weit und breit genannt ist. Möglicher Weise ist Arankas oder Arangas derselbe Name, etwa aus Angaras, Hangara's verdreht.

Das dritte Gebirge Arualtes, das südwärts von der Pharanx Garamantika und östlich vom Arankas liegt (IV, 6. § 12 vgl. § 22, 23), ist das von Barth besuchte Hochland der Asgar, ein in jeder Hinsicht bemerkenswerthes Gebirge, das sich durchschnittlich 4000 bis 5000 Fuss über das Meer erhebt und die höchste Erhebung der Wüste zwischen Tripolis und Asben macht. Es bildet eine Wildniss von phantastischen, unheimlich schwarzen Sandsteinfelsen, unterbrochen von tiefen Schluchten, in denen sich kleine, bleibende Seen gebildet haben; doch befinden sich wasserreiche und in ihrer Art sehr fruchtbare Thäler, wie Djanet, Temassanin und viele andere, darin. — Dass wir in unsern bisherigen Untersuchungen nicht irre gegangen, davon können wir nun gewissermassen die Probe machen. Oestlich von diesem Gebirge nämlich setzt Ptolemäus das Volk der Assaraki und nordwärts das der Arokki an; das sind aber allem Anscheine nach die Völker, die noch heute dort wohnen, nämlich die Asgar und der eine ihrer wichtigsten Stämme, der Auraghen oder Uraghen. Assaraki mag aus Assakari umgestellt sein.

Schon von Edrisi (1153) werden die Asgar in denselben Gegenden sesshaft erwähnt, in welchen wir sie heutigen Tages finden, und Barth will sie auch in dem Stamme der $Αὐσουριανοί$ oder Austoriani erkennen, der um das Jahr 400 n. Chr. als ein wilder, schon damals mit Kameelen berittener Räuberstamm in der Nähe der Cyrenaïka erwähnt wird. Indess könnte man wol diese letzteren noch besser in den Astakuren finden, welche Ptolemäus einmal im Tripolitanischen, und dann wieder am Gebirge Thala (etwa in der Oase Tuat) erwähnt, wobei die Möglichkeit nicht ausgeschlossen ist, dass schliesslich Astakuren, Assaraken (Assakuren), Ausurianen und Asgar ein und dasselbe Volk sind. Stammverwandte Arokken d. i. Auraghen finden wir sogar noch viel weiter westlich am Mandrosgebirge; wie weit aber diese amazirghischen Stämme ausschwärmen, davon werden wir weiter unten ganz schlagende Beispiele beibringen.

Die heutigen Asgar sind ein wenig zahlreiches Volk, sie bilden nur die herrschende Klasse über eine unterjochte und ihrer politischen Selbständigkeit beraubten Masse von anderer Abstammung, und zwar innerhalb eines festbestimmten Gebietes, das genau den Sitzen der alten Assaraki entsprechend, im Nordosten etwa von der über Rhat (Baraca[*]) nach Nordwesten sich wendenden Pharanx Garamantika begränzt wird, und im Süden

---

[*]) Von Plinius im Lande der Garamanten erwähnt. Wol jedenfalls das heutige Barakat nahe bei Rhat, das an seine Stelle als Hauptort getreten.

bis zum Brunnen Asiu (21. Grd. nördl. Br.) reicht. Westlich geht es auf der Strasse nach Tuat, etwa sechs Tagereisen weit, bis zum Wadi Ssersua (6 ½ Grad östlicher Länge von Paris).

Die Asgar bilden also den herrschenden, allein berechtigten Kriegeradel, die Freien, Adligen (Amazirgh, heute Imoscharh, Plur. von Amoscharh) helleren Stammes, welche allein zum Waffentragen berechtigt sind, und über die weit zahlreicheren Leibeigenen (Imhrad, Plur. v. Amhri) gebieten. Letztere sind in den besseren Theilen der Wüste ansässig, besorgen Pflanzen und Gärten, sammeln die Früchte und zinsen davon ihren Herren. Diese leben theils von der Arbeit der unterdrückten Klasse, theils von dem Tribute (Gherama), den die Karavanen entrichten. Einige sind nichts als wandernde Freibeuter. Die Imhrad der Asgar sind meist von schwarzer Hautfarbe, doch haben die Männer einen schönen schlanken Wuchs und eher die Gesichtszüge von Berbern, als von Negern, scheinen also bereits jenen oben erwähnten Mischvölkern anzugehören, deren Negerthum durch eine ältere Vermischung mit Weissen bereits modificirt worden.

Man wird sie für Nachkommen der Garamanten halten können, die einst ganz Centralafrika beherrschten, aber später wahrscheinlich den Asgar als einem neuen Zuzuge von Eroberern unterlegen sind. Die Imhrad dürfen weder Eisenspeer noch Schwert führen, werden aber im Falle eines Krieges aufgeboten und sind dann im Stande, etwa 5000 bewaffnete Leute in's Feld zu stellen, während ihre Herren die Asgar trotz der grossen Ausdehnung ihres Landes nur etwa 500 Krieger auf die Beine bringen.

Die letzteren zerfallen in fünf Familien oder Geschlechter (tiussi) und dreissig Unterabtheilungen (feiu), jede mit einem unabhängigen Häuptling an der Spitze.

Die Namen der fünf Familien sind: Uraghen, Imanang, Mangbassatang, Ifoghas und Hadanarang. Die Uraghen (sagt Barth) scheinen vor Alters eine sehr mächtige Familie gebildet zu haben, jetzt aber sind sie weit zerstreut und ein grosser Theil von ihnen lebt unter den Avelimmiden an dem nördlichen Ufer des Issa oder Niger. Gleichwol bilden die Uraghen auch jetzt noch mit etwa 150 Familienhäuptern die ansehnlichste Abtheilung unter den Asgar, eine bedeutende Horde derselben ist in und bei Arikim angesessen, etwa 50 Meilen südlich von Rhat.

Die Uraghen sind also wol zweifellos die Arokken des Ptolemäus, die wir gleichfalls bis in den fernen Westen ausgewandert fanden. Welche Aehnlichkeit der Verhältnisse! Sind Herodot's Ataranten vielleicht ein

Theil der Hadauarang? Auf dem Reisewege der Asgar lagen sie und die Astakuren, die man für Asgar ansehen darf, wohnten in ihrer Nähe. Ein recht schlagendes Beispiel, wie gross die Wanderlust dieser Stämme und wie eng trotz ungeheurer Entfernungen ihr Zusammenhang ist, bietet die Geschichte der wichtigen Handelsstadt Agades im nördlichen Sudan. Als Hadj Mohammed Asekia, der mächtige Beherrscher des Ssonrhai Reiches (eines Negervolkes), im Jahre 1515 n. Chr. Agades eroberte, vertrieb er die früheren Besitzer daraus. Dieses waren fünf Berberstämme: Gurara aus Tauat, Tafimata, Berber aus Ghadames (Beni Wasit und Tesko), Massrata, einst ein sehr mächtiger Stamm (aus Tripolis?) und der Stamm der Audjila aus dem Lande der Nasamonen. Barth, der dieses aus genauer Nachfrage berichtet, wundert sich selbst darüber, dass Leute aus räumlich so ungeheuer weit getrennten Gegenden sich zur Gründung einer Kolonie vereinigt haben sollen, sieht sich aber ausser Stande, die Richtigkeit dieser Sache zu bezweifeln, da die Namen fast aller dieser Stämme und ihrer Abtheilungen noch jetzt an einzelnen Lokalitäten der Stadt haften. Aehnliches muss schon im hohen Alterthume stattgefunden haben. So finden wir Doloper in der ammonischen Oase, dann südlich von Tripolis, endlich in der Nähe der Oase Tuat, Astakurer im Tripolitanischen in derselben Oase Tuat, Arokker in der Nähe des heutigen Asgarlandes und in Nigritien, Machoräber in der Gegend des heutigen Algier, und dann südlich vom Wed Draa, Mimaker und Nabathrer in Numidien und dann wieder in der Centralsahara mit deutlicher Kennbarkeit des Weges, den sie auf dieser Wanderung eingeschlagen. Sie sind offenbar gerade südlich die Garamantische Pharanx hinabgezogen. Auch die Phraurusier, wie man in einer mindestens verdächtigen Schreibung liesst, scheinen nichts anderes als Abkömmlinge der Pharusier am Atlas zu sein, die nach Süden in die Sahara gewandert.[*] Von den grossen Reisen, die dieses Volk bis nach Numidien hin unternahm, redet Strabo ausdrücklich, und beschreibt die Art und Weise, wie sie ihren Wasservorrath mit sich führten. Wahrscheinlich besassen sie damals noch keine Kameele; denn sie banden ihren Pferden die Schläuche unter den Bauch. Auch die Völker, welche südwärts von den Phraurusiern auf das Gebirge Thera Ochema (d. i. im weitesten Sinne die Gebirge, aus denen der Senegal und Gambia kommen)

---

[*] Wurden sie deshalb auch Anticoli, d. i. „Gegenwohner", genannt? Ein Stamm der Autololen, die Visuner, wanderte einst in's Negerland aus. Plin. h. n. V, 1.

zu wohnten, wie die Churiten, Stachiren, Orphen, Tarualten, Matiten, Afrikeronen, Achämen, scheinen berberischer Abkunft und Einwanderer aus dem Norden gewesen zu sein; denn die ächten Negervölker werden stets durch den Beisatz Aethiopen kenntlich gemacht. So z. B. die Nigriten, Odrangiden, Perorsen, Xyliker, Uchalikker, Aganginen.

Das Volk der Afrikeronen nennt Ptolemäus ein grosses. Es wohnte am Gebirge Theon Ochema, also etwa in dem wichtigen Lande, das heute El Hodh oder El Haudh heisst und alte wichtige Handelsstädte und Herrschersitze, wie Walata, das altberühmte Ghanata, enthält. Aller Wahrscheinlichkeit nach bestand hier ein völliges Reich, das den Karthagern und Römern durch die hieher ziehenden Karavanen aus Mauretanien, Numidien und Aegypten bekannt war. Der Name Afrikerones erinnert an den Berberstamm der Ifuraces, Afrik, Pharek u. s. w., der einst an den Syrten und in der Nähe von Karthago seine Sitze hatte, und von dem auch der Landesname Afrika (zunächst die Gegend um Karthago) herkommt. Dieses Volk, im Besitze einer Kultur und Schrift, die über die Gründung Karthago's und der tyrischen Kolonien hinaufreichte, war weit über Afrika, namentlich nach Mauretanien hin verbreitet (Movers. Phönic. III, S. 406—409.). Eine weitere Wanderung in Gegenden, wo wir auch heute noch zahlreiche maurische Stämme ansässig finden, liegt also nicht ausser dem Bereiche der Möglichkeit. Ptolemäus dürfte etwa um 150 nach Chr. gelebt und geschrieben haben. Bereits 150 Jahre später fängt schon die einheimische urkundliche Geschichte jener Gegenden an, die uns durch Barth bekannt geworden. Das Reich von Ghana oder Ghanata wurde um das Jahr 300 n. Chr. gegründet, und zwar zu einer Zeit, als das Christenthum in allen Küstenländern des Mittelmeeres, namentlich in Mauretanien gewaltige Fortschritte machte und grosse Umwälzungen hervorrief. Nach dem Namen des Stifters «Wakadja-mangha» zu urtheilen, scheinen die Gründer dieses Reiches die Fula oder Fulbe, der braune, höher begabte Stamm gewesen zu sein, der noch jetzt in grosser Macht steht und sich erobernd ausbreitet. Wenn Barth diese Fulbe, den intelligentesten aller Stämme Mittelafrika's, für die Pyrrhi Aethiopes des Ptolemäus hält (offenbar so genannt wegen ihrer gelbröthlichen, kupferigen Hautfarbe), so können wir ihm, nachdem die Sitze jener Aethiopen im östlichen Bileduldjerid nachgewiesen sind, hierin nicht ohne Weiteres beistimmen. Er stellt die Möglichkeit einer Einwanderung dieses Stammes aus dem fernen Osten, vielleicht tief aus Asien, nicht in Abrede, weisst aber darauf hin, dass ihre Sitze, ehe sie erobernd vordrangen, im Westen lagen und dass sie von da aus (vom untern Senegal) sich immer weiter nach Osten verbreitet haben. In diesem Falle liegt es sehr nahe, in den Fulbe die Leukäthiopen der Alten zu erkennen, die in den ganz entsprechenden Sitzen wohnten und bei denen nicht undeutlich ein Zusammenhang mit dem Osten, mit Assyrien, Babylonien, Aegypten zu erkennen ist. In welcher Weise die Leukäthiopen mit den Karthagern in Handelsverbindungen standen, haben wir schon oben gesehen, auf einen Zusammenhang mit dem Osten weist aber die kastenartige Eintheilung der Fulbe hin, die in eine Anzahl geschlossener Verbindungen, z. B. Dschauambe (Kaufleute und Makler), Laube (Tischler), Malube (Weber), Gergassabe (Schuster), Wailube (Schneider), Wambaibe (Sänger), Waulube (Bettler) u. s. w. zerfallen und sich auf einen gemeinsamen Stammvater, Namens Sao, zurückführen.

Bis zum Beginn der muhammedanischen Zeitrechnung sollen bereits 22 Könige über Ghanata geherrscht haben. Der Muhammedanismus wurde durch die Berberstämme verbreitet. Zuerst trat der in der Wüste mächtige Stamm der Limtuna auf, nach ihrer Besiegung der Stamm der Senagha, oder, wie die Araber sie nennen, Senhadja (Ptolem. Zamazii, Zanazii?), und dehnten ihre Macht, wie es scheint, über den westlichen Theil der Wüste, die ganze Nachbarschaft des Negerlandes und einen grossen Theil des Reiches von Ghanata aus. Ihre Stadt Audaghost, eine wichtige Handelskolonie (nach Barth in der Nähe des heutigen Kasr-el-Barka, in den Gegenden, die wir Ptolemäus Afrikeronen anweisen müssen*), war um 950 n. Chr. Herrschersitz und nicht weniger als 23 Negerkönige waren dem Haupte der Senagha unterthan. So viel zur Erklärung des Ausdruckes «ein grosses Volk», den Ptolemäus den Afrikeronen beifügt. Der Handel zwischen Nordafrika und dem Negerlande ist nach Barth unendlich viel älter, als man bisher angenommen (Bd. II, S. 266.). Die Verbindungen mit Mauretanien, Tripolis und Aegypten reichen bis in die ältesten Zeiten zurück. Die Berge zwischen Senegal und Niger (Djuliba) sind reich an Gold (Minen zu Bambuk und Bure), das nach verschiedenen Seiten hin in den Handel kam und noch kommt. Heutzutage holen es die Europäer von der darnach genannten Goldküste, im Alterthume seit Hanno's Zeiten

---

*) Eine Karavanenstation Afra liegt nordwestlich von Kasr-el-Barka auf der Strasse nach Arguin.

war es, wie wir oben gezeigt, die Insel Kerne in der Bucht von
Rio do Ouro, wo es die Karthager für die Erzeugnisse ihres Gewerbfleisses
von den Handelsleuten der Leukäthiopen eintauschten. Dieser Handel
wird aber noch viel älter sein; denn aus dem, was wir über die Lixiten
ermittelt, dürfte hervorgehen, dass Hanno und die Karthager nur alte
Verbindungen neu belebten. Wir können daher annehmen, dass die
Afrikeronen, welche unmittelbar an dem goldreichen Gebirge wohnten,
vor allem mit Mauretanien, das noch heute regelmässig seine Karavanen
dorthin sendet, in Verkehrsbeziehungen standen, zumal die Völker, durch
deren Gebiet diese Züge gingen, uns ausdrücklich genannt werden. Man
wird sie an diesen Strassen und namentlich an den daran gelegenen Oasen
zu suchen haben. Auf dem Wege zwischen den Afrikeronen und den
Daradern oder Lixiten lagen die Matiten, Tarualten, Orphen (am Kapha-
gebirge um Wadân), Stachiren (am Seebcha Idjil, See Klonia), dann
nach einer Rechtsumbiegung des Weges die Phaurusier (um Algualil und
den Elgilte).

Westlich vom Arankagebirge, dem heutigen Hogara, setzt Ptolemäus
das Volk der Derbikker an, welches er mit unter den Hauptvölkern auf-
führt, nach denen sich die Lage der kleineren Stämme bestimmt. In dem
entsprechenden Gebiete herrscht heutzutage der Berberstamm der Tademekka,
der seinen Namen von der gleichnamigen alten Stadt hat, an deren Stätte
jetzt die wichtige Karavanenstation von Ssuk oder Essuk getreten ist.
Die Namen Tademekka und Derbikka lassen sich durch den oft genug
vorkommenden Tausch von d und r, m und b leicht vereinbaren (Dermikka,
Taremekka), und wir haben neben den Assakaren und Arokken einen
dritten Berber- oder Tuaregstamm, dessen Vorhandensein in der Centralsahara sich bis fast zu den Zeiten von Christi Geburt nachweisen lässt.
Noch wichtiger ist dieser Nachweis dadurch, dass hiermit zugleich das
Vorhandensein des bestimmten Platzes von Tademekka und der Karavanenstrasse, die vom nördlichen Djuliba aus nach Tripolis und Aegypten
führte, gesichert ist. «Aegyptische Kaufleute, sagt Barth, finden wir vom
11. Jahrhundert an in der Stadt Biru oder Walata, dem früheren Ghanata,
in Gesellschaft derer von Ghadames und Tafilelet (auf Marokko zu); der
Haupthandel von Gogo oder Kukia (am Niger Djuliba) war auf Aegypten
gerichtet und das grosse Handelsemporium — Ssuk — des Berberstammes
der Tademekka, auf jenem wichtigen Handelswege war augenscheinlich zu
diesem Zwecke gegründet» (ebd. Bd. II. S. 378). Barth kommt hierauf

zu sprechen, nachdem er eine am nordöstlichen Ende des Djuliba, der Landschaft Burrum, haftende Tradition angeführt, wonach einst im grauen Alterthume ein ägyptischer Pharao bis hieher gekommen und wieder zurückgekehrt sei. In der That ist dieses die Stelle, wo die abenteuernden nasamonischen Jünglinge, von denen Herodot berichtet, nach ihrer langen westwärts gehenden Wanderung die Ufer eines grossen an Krokodilen reichen Stromes erreichten, der nach Osten floss, und den sie deshalb für den Nil hielten. Sie fanden das Land von einem Negerstamme auffallend kleinen Wuchses bewohnt, der eine Stadt besass und allgemein Zauberkünste trieb (Herod. II, 32, 33). Herodot glaubt offenbar nur eine Abenteurergeschichte ohne weitere praktische Folgen zu erzählen, aber es hat den Anschein, dass damit mehr gemeint ist und dass jene aus jugendlichem Uebermuth unternommene Forschungsreise, die sehr lange Zeiten vor Herodot fallen mag, die Geschichte einer Entdeckung enthält, welche die Nasamonen in dauernde Verbindung mit jenem Negerlande setzte. Herodot hörte diese Kunde von Kyrenäern, welche das Orakel des Ammon besucht hatten und sich dort mit dem Oberhaupte der Oase, dem sie den griechischen Namen Etearchos gaben, über den muthmasslichen Lauf des Niles unterhalten hatten. Etearchos hatte die Geschichte wieder von den Nasamonen gehört. Daher kann es uns nicht wundern, wenn es grade Bewohner der Oase Audjila (also Nachkommen der Nasamonen) waren, welche diesen Theil des Sudan's dem Verkehre der Araber öffneten und dem Muhammedanismus Bahn brachen, der schon im Anfange des 11. Jahrhunderts daselbst fest begründet erscheint. Der hier bedeutende Reisbau soll von jener Landschaft Burrum ausgegangen sein, ebenso, wie Barth der festen Ueberzeugung ist, die Kultur der Dattelpalme, da Datteln den Hauptproviant der Handelsleute von Audjila bilden mussten.

Südwärts von den Gebirgen Aranka (Hogara) und Arualtes (Hochland der Asgar) wohnten Negerstämme, die Agangini (südwestlich auf die Afrikeronen zu*), östlich von ihnen zwischen beiden Gebirgen nach Süden hinab die Xyliker, und weiterhin im Gebiete der heutigen Tebu oder Teda — die Uchalikker. Letztere dienen wieder zur Bestimmung eines wichtigen Punktes. Die Οὐγαλικκεῖς Αἰθίοπες des Ptolemäus sind offenbar die Oecalices des Plinius, die derselbe westlich vom Nil in der Gegend über den Syrten und in einem Striche erwähnt, der schon in die Zone

---

*) Statt ὑπὸ μὲν τοὺς Ἀφρικέρωνας ist unzweifelhaft ἐπὶ μὲν zu lesen.

des tropischen Regens fällt. Die Oecalices wohnen also genau in denselben Gegenden (Plin. IV, 35). An einer andern Stelle (V, 8) sagt derselbe Schriftsteller, der Niger, ein Fluss, der ähnlich wie der Nil Rohr, Papyrus und dieselben Thiere hervorbringe, entspringe zwischen den äthiopischen Völkern der Tareleer und Oocalicer; einigen Gewährsleuten zufolge liege ihre Hauptstadt Mavis in der Wüste, und in der Nähe wohnten Atlanten, halbwilde Ziegenfüssler, Blemmyer (sonst in Nubien), Gamphasanten, Satyren und Himantopoden (Riemenfüssler). Auch an der früheren Stelle ist das Fabelland in der Nähe der Oecalices. Von ihnen fünf Tagereisen entfernt wohnen noch die Usibalci, Isueli, Pharusi, Valii, Cispii — Reliqua deserta; Deinde fabulosa — westlich wohnen Nigrä, deren König nur ein Auge auf der Stirn hat, die Rohfleischesser, Allesfresser, Menschenfresser, Hundemelker mit Hundeköpfen, die Artabatiten, die auf allen Vieren laufen (Gorillaaffen?), sodann die Hesperier, Perorsen.

Ohne allen Zweifel ist der hier von Plinius erwähnte zwischen Oecalicern und Tareleern entspringende Niger ein ganz anderer Fluss als der oben von uns näher bestimmte Wed Draa des Ptolemäus, wenn auch Plinius manches, was den Atlasgegenden angehört, ungehörig hineinmischt. Er ist allem Anschein nach der starke von dem Gebirge im östlichen Wadai kommende Zufluss des Tschadsee's, der heut den Namen Bat-ha führt und in den kleinen Fittri-See mündet, oder der noch fast gar nicht bekannte Bahar el Ghazal. Die Tarelischen Aethiopen kommen dann etwa in das heutige Dar-fur zu wohnen, in einer Gegend, wo die Vorsylbe Dar (Dar-fur, Dar-ferit — Dar-fertit, Dar-Banda' u. s. w.) und die Darstämme zu Hause sind. Hiermit erklären sich auch die Tarelei Aethiopes.*) Wir sind schwerlich fehlgegangen. Da es hier ein Volk Nigrä gab, so wird ein zweiter Niger auch nicht besonders auffallen. Barth erklärt diesen Namen aus dem Berberischen Worte igirreu (mit vorgesetztem n.); dieses aber bedeutet eben nichts weiter als Fluss, und es konnte daher so viele Niger geben, als es grosse Flüsse in Ländern gab, wo Berber hinkamen.

Die Hauptstadt der Oechalicer Mavis, die jedenfalls ein Stationsort der Karavanen war, die von Tripolis und Fesan aus nach Wadai, Darfur und Abyssinien hinzogen, ist ohne Zweifel in den Wüsten nördlich vom Tschadsee zu suchen.

Gerade aber in diesen Gegenden, eine kleine Strecke nordöstlich vom

---

*) Ein grosser Negerstamm in Darfur heisst Tagruri.

genannten See, im Lande Kanem, befindet sich die Stadt Mâo, welche noch heut in einem grossen Umkreise der Hauptort jener Gegenden ist. Auf diese Stadt passt auch Plinius Ausdruck «desertis impositum» d. i. am Ende der Wüsten, die man von Norden her durchreist hat. Es ist also fast keinem Zweifel unterworfen, dass Mavis bei Plinius das heutige Mâo und dass die Uchalikker (Aethiopen) das ausgedehnte Negervolk sind, welches heute den Namen Tebu, Tibbo oder Teda führt. Bis hieher (ohne Zweifel über das Land der Garamanten) und noch fünf Tagereisen südlicher sind die Alten in dieser Richtung vorgedrungen.

Usibalci, Isueli, Pharusi, Valii, Cispii, die noch fünf Tagereisen hinter Mavi wohnen, würden wir demnach südöstlich vom Tschadsee im heutigen Bagirmi zu suchen haben. Bis dahin also besassen die Alten verlässliche Kunden; dahinter fing das fabelhafte Gebiet an — gerade wie heute noch dort die Gränze unserer Kenntniss ist. Die Nigrä, die sich westlich daran schliessen, wird man in Bornu ansetzen können. Die Rohfleischesser (Omophagi), Allesfresser (Pamphagi), Hundemelker (Cynamolgi), Artabatiten fallen in den Sudan, in's Gebiet des Djuliba nach Westen zu; denn mit den Hesperiern (den Leukäthiopen — Fulbe?) und den Perorsen (Dscholoffen? Mandingo?) sind wir ganz der Sache gemäss wieder auf festem Boden und am Gestade des Meeres. angelangt. Die Perorsen sind das letzte bekannte Volk in den Senegalgegenden. Man wird hieraus ersehen haben, dass der grosse Fluss Djoliba den Alten nicht oder nur in seinen nördlichsten Strecken bekannt war. Der Sudan war in diesen Strichen von ganz rohen Negerstämmen bewohnt.

Einige Bemerkungen zur Karte.

Die beigegebene Karte habe ich, um mich nicht durch irgend welche vorgefasste Ansichten irre machen zu lassen, nur nach den mir zu Gebote stehenden geographischen Hilfsmitteln und dem einfachen Texte des Ptolemäus entworfen. Ich glaube, das Ergebniss wird nicht ganz unbefriedigend sein; mit dem Texte in der Hand wird man leicht Angabe für Angabe prüfen und verfolgen können. Alles ist auf die Feststellung einiger weniger Hauptpunkte gegründet: des Niger, des Gir, des Soe's Nuba, der Gebirge Kapha, Thala, Aranka, Arualtes. Die Bestimmung der letzteren in der Central-Sahara ist erst durch die neueren Entdeckungen und die darauf begründeten Karten ermöglicht worden, und daher früheren Forschern kein Vorwurf zu machen, wenn sie dieselben unrichtig angesetzt. Für die Richtigkeit unserer Konstruktionen dürfte sprechen:

1) Die völlig natürliche, zwanglose Unterbringung aller Völkernamen (die kleineren Stämme, die in ein räumlich enges und nicht genauer bestimmtes Gebiet fallen, eingerechnet) in dem angegebenen Rahmen.

2) Die sichtliche Uebereinstimmung mit der nach den mathematischen Bestimmungen des Ptolemäus entworfenen Karte (Vgl. Geogr. d. Griech. u. Römer v. Fr. Aug. Ukert Bd. I. Taf. III). So fehlerhaft dieselbe gegenüber dem heutigen Stande der Wissenschaft ist, so ersieht man aus ihr doch, dass sein Niger dem Wed Draa und sein Gir dem Djedi entspricht und dass die genannten Berge Thala, Aranka und Arualtes in die Mitte Nordafrikas fallen.

3) Der Vergleich mit den bisher geltenden Karten des alten Afrika. Hier sind die älteren die besseren, und die Verderbniss fängt sichtlich mit dem grossen Irrthum an, zu dem das nähere Bekanntwerden des Djoliba Veranlassung gegeben. Die Karte von Reinhard (Orbis Terrarum antiquus 1848) hat ganz richtig den Djedi mit den Städten Thykimath, Geua, Tukrumuda u. s. w. als Gir; sein Nigir ist nach unvollkommner Darstellung ein nicht näher bestimmbarer Fluss, der vom Atlas kommt und sich in der Sahara in einem See verliert. Mandrus, Daradus sind an rechter Stelle. — Dabei wirft er freilich die Völker der Centralsahara: Mimaces, Nabathrä, Gongala gegen den mittleren Nil nach Darfur und Umgegend hin. Die von Forbiger besorgte 6. Auflage desselben Atlas (Nürnberg, Lotzbeck) lässt den Gir von Osten in den Tschadsee fliessen; nach dem «Kurzen Abriss der alten Geographie von Forbiger (1850. S. 206) ist der Gir (mit einem ?) der in den Triton-See fliessende Bahr el Ghazal (östl. v. Tschadsee) etc. — Aber am Vasargalagebirge, an dem der Gir hinfliesst, entspringt ja der bei Karthago mündende Bagradas (Medjerda). — Man muss zu sehr gewagten Mitteln die Zuflucht nehmen und einen zweiten Bagradras (den Fluss von Agades?), den ein «späterer Glossator» in den Text des Ptolemäus eingeschmuggelt, herbeibringen, ohne dass sich die Sache merklich bessert (Ebd. S. 243). Wir haben zu keiner derartigen Auskunft gegriffen, und kennen nur einen Bagradas, der an seiner Stelle bleibt, und behalten alle Angaben des Ptolemäus ohne Aenderung bei. Welche Noth man hat, den Nubasee zu entdecken, den man nicht finden

kann, weil man in ihm fälschlich den Triton findet, zeigen die Karten. Nach Reichard ist er (annähernd am richtigsten) der grosse See im östlichen Mauretanien, der nördlich vom Gir liegt, nach Forbiger der Tschadsee, bei Kiepert ist er der grosse, noch sehr wenig bekannte Landsee südlich von Darfur und Darfertit gegen den obern Nil zu. (Atlas der alten Welt, 15. Aufl. 1864). Das Vasargalagebirge ist hier südwärts von Mursuk angesetzt, der Gir ist der östlichste Zufluss des Tschad. Die Nigriten wohnen am Djoliba-Niger, dabei ist aber (richtig) ein zweiter Niger als östlicher Zufluss des Debiasee's gegeben. Eine Kritik aller dieser und anderer Leistungen liegt ganz ausserhalb unserer Absicht; was wir hier vorgeführt, soll nur einigermassen zur Orientirung dienen und Niemandes Ansichten präjudiciren; auch machen wir keinen Anspruch darauf, hier irgendwie massgebend auftreten zu wollen; es kam uns nur darauf an, einige Resultate der Forschung, die wir für nutzbringend und dem Fortschritte der Wissenschaft nicht ganz undienlich erachteten, den sachverständigen Männern zur Begutachtung vorzulegen und ihr Urtheil darüber anzuhören.

4) Ferner scheint mir für die Richtigkeit dieser Anordnungen zu sprechen: die sich von selbst machende Gleichstellung verschiedener alter Völker, der Assaracä, Aroccä, Derbikkes, Leukäthiopen, Machoräber mit den heut noch in denselben Gegenden hausenden Stämmen der Asgar, Auragh, Tademekka, Fulbe, Mografira. Für die Geschichte der Verbreitung der Berber, sowie anderer Stämme scheint dies nicht ganz ohne Bedeutung zu sein. Wir werden dies noch deutlicher auszuführen versuchen.